父母改变
孩子改变

张文质◎著

北京师范大学出版集团
BEIJING NORMAL UNIVERSITY PUBLISHING GROUP
北京师范大学出版社

图书在版编目(CIP)数据

文质知道　父母改变　孩子改变：十年纪念版/张文质著. —
北京：北京师范大学出版社，2021.7(2024.1重印)

ISBN 978-7-303-26857-3

Ⅰ．①文… Ⅱ．①张… Ⅲ．①儿童教育－家庭教育 Ⅳ.
①G782

中国版本图书馆 CIP 数据核字(2021)第 040518 号

营 销 中 心 电 话　010-58808083
少 儿 教 育 分 社　010-58806648

FUMU GAIBIAN HAIZI GAIBIAN
出版发行：北京师范大学出版社　www.bnupg.com
　　　　　北京市西城区新街口外大街 12-3 号
　　　　　邮政编码：100088
印　　刷：北京盛通印刷股份有限公司
经　　销：全国新华书店
开　　本：710 mm×1000 mm　1/16
印　　张：12.75
字　　数：130 千字
版　　次：2021 年 7 月第 1 版
印　　次：2024 年 1 月第 4 次印刷
定　　价：50.00 元

策划编辑：谢　影　　　责任编辑：谢　影
美术编辑：袁　麟　　　装帧设计：红杉林文化　幻梦书装
责任校对：陈　民　　　责任印制：乔　宇

　　《父母改变　孩子改变》首版于 2009 年，2014 年出了修订版，现在要出的是十周年的纪念版。这十多年来，《父母改变　孩子改变》一书一直受到广大读者的欢迎，书籍一直处于热销之中，还被中国教育报评为 2013 年最受教师喜爱的十本图书之一。这对于作者而言，已是一件值得骄傲的事情。

　　这是我的第一本家庭教育研究心得，我从事教育工作 30 多年，如果要用一句话加以概括，就是我不断地把自己的思考，"引向生命化的教育"。我研究与写作的关键词就是"生命"两字，若要做更细致的添加，则是"儿童"与"童年"。

　　在这本书中，我探究的核心，并不是一般意义上的家庭教育方法与策略，这样的工作并非不重要，而是你只有理解生命，才能辨别与尊重人成长的复杂与艰难，这样你才能怀着真挚的命运感，去体察、领悟"父母""家""陪伴""接纳""鼓励"这些词背后的欢欣与哀愁。一个人来到世上是带着光亮的，但生命之旅却并非自己就能掌握。

　　我从自己、从自己孩子身上，从我走过的无数学校观察到的孩子那里，深深体会到了为人父母的重大责任，唯有父母改变，才能促进孩子的健康成长，这是本书最诚恳的呼唤。这里也包含着我对儿童各种美好可能性的深切信赖。"中国最需要受教育的首先是家长"，它就写在第一版的序言中，而形成这样的判断，则与我长期的教育实践所形成的思考有关，我更愿意把它看作乐观的、充满主动精神的一种促进孩子成长，促进社会进步的途径。

"变革父母"，就是要使父母真正成为儿童成长的助益者，而不是各种危害。"世界上没有任何工作比做父母更易犯错，更具风险，也没有任何工作，比做父母更令人欣慰，感到自豪"，今天对大多数父母而言，形成自己为人父母的"责任自觉"，把陪伴孩子作为自己的"第一事业"，"下班的路是回家的路，夜晚的时间是家庭的时间"，这是建设以孩子成长为中心的家庭新文化最为重要的一步。"孩子不在父母身边，就可能在各种危险之中"，无数哲学家、心理学家、教育家都论述过儿童早期经历对一生至关重要的影响。童年的伤害往往是一生的伤害，是最难治愈的，而童年的幸福，则是一生幸福的半径，一切美好都可由此滋生。

2006年我就提出"陪伴"是亲子关系中最为重要的一个词汇。陪伴就是最好的教育。离开陪伴，爱与关怀就不复存在，所谓身心健康、学业进步都将成为水中之月。可以说《父母改变　孩子改变》就是陪伴之书，它重申了这样的观点：一个人要想有健康良好的发展，首先要过上"正常人"的生活，唯有父母之爱，尤其是孩子生命早期的母亲之爱，是本质性的、不可或缺、不可替代的，它构成了一个人一生最为积极而坚韧的成长内驱力，可以取之不尽，用之不竭。

孩子是我们的甜蜜，孩子是我们的忧伤。

张文质
2019.7
福州

"陪伴"是送给孩子最好的礼物

　　家庭教育很大的麻烦就在于很多时候我们并不知道自己的孩子到底是"谁"或者有可能成为"谁",时常让人疑惑的总是这样的问题:我怎样才能把孩子教育好呢?有个说法一直被人看作一种消极的应付态度而不断地作为反面教材被提及,那就是"当一天和尚撞一天钟",其实仔细想想就会发现这句话背后自有它的深意:只要你当一天的和尚,你就有责任撞一天的钟。这在旁人看来极其枯燥的工作,因为责任使然、信仰使然,你也能够让它变得充满趣味和韵致。由这个比喻,我想到为人父母这件事,往往就是一辈子"撞钟"的工作,养育和教育孩子,几乎也成了我们一生无法逃脱的责任。选择为人父母,就是选择一种人类普遍的宿命,你必须,也只能以积极的建设者的态度,努力把自己的孩子培养成比自己更优秀、更健康、更幸福的人。

　　这样的道理说起来总是容易的,谁不曾对自己的孩子抱有梦想呢?著名画家黄永玉先生说:"孩子是我们的甜美,也是我们的悲伤,是我们的骨肉,我们的心。"在这优美、隽永的句子背后,是一个父亲对生命深切的体验和对为人父母的责任极富张力的概括。孩子的未来既在父母的生命中，又在父母的手心上。那么真正的好父母在哪里呢？

2008 年，为了写作《父母改变 孩子改变》一书，我在山东、上海、江苏、福建、湖北、四川、广东等地做了大量调查，调查的结果既让我震惊，也印证了我十多年来在基础教育学校对学生的观察结果：一个"问题学生"背后，往往有着一个"问题家庭"，一个孩子的成长出了问题，原因有可能出自学校与社会，但更本质的原因一定在于家庭。而从家庭中找原因，往往问题又出在早期教育上。20 世纪最著名的儿童教育家蒙台梭利说过，一个人无论身心哪个方面的疾病，如果病根出在童年的话，往往是很难治愈的。因为童年所有的影响，对一生而言，都是一种文化"刻印"，一旦刻上几乎终身难以更改。童年确实是生命之根，我们无论怀着怎样的虔敬之心来理解自己作为父母对孩子成长的"培根"工作都不为过。

在我看来，陪伴孩子成长不但是父母的核心责任，也是父母送给孩子一生最好的礼物。美国明尼苏达州大学的营养学家兹泰尼研究发现，79%的青少年都喜欢跟父母在一起吃饭，晚餐时全家人坐在一起吃饭比吃什么更为重要。很多研究表明，全家人一起吃饭会有助于孩子获得较好的营养、较高的学业成绩。跟父母在一起吃饭的孩子，会较少地发生抽烟、喝酒、吸毒、打架等行为。哪怕父母双方只有一个人能够赶上晚餐，也同样能达到以上的效果。因为通过吃饭这种方式，可以把孩子聚拢在父母的身边，父母对孩子的注视本身具有一种显在或潜在的教育力量，同时父母也是在通过自己生命的示范，每天都影响着孩子的成长，好父母确实就是一个好范本。

但是我的问卷调查和个别访问的结果都表明，看上去最为简单的陪伴，在很多家庭中却是一件难事。中学生一天时间没有跟父母说过话的达到了 8％ 左右，每周和父母一起吃饭达到 7 次以上的不到一半，有烦恼能找父母交流的不到 15％。父母不和孩子说话，或者孩子不愿意和父母说话，原因当然很多，但也可以这么说：孩子在童年时，你不和他生活在一起，你不和他一起用餐，不陪他说话，随着孩子渐渐长大，你可能就不知道怎么和孩子交流，也难以与孩子交流，甚至你和他交流的姿态都会不太自然，这样的错失你可能难以改善与弥补。

在一个人的童年，父母的存在尤其是母亲的存在代表着安全、温暖和欢乐，一个孩子对母亲的需要是本质性的、不可或缺的、不可替代的。一个孩子如果在他年纪太小、尚未有所准备、恐慌无助的时候不能和母亲生活在一起，或者母亲经常长时间离开他，这种分离一定会导致心灵的创伤，因为它侵犯了人与人最基本、最重要的联系——母子纽带。一个从小没有母亲的人往往一生都是疼痛与茫然的，一个在成长过程中母亲经常不在场的人，同样难以获得充分的爱，这一切都会影响到他生命的舒展与自我确认。从某种意义上说，一个人的成长，最大的问题不是他的生活处境，而是他能否得到父母的陪伴、抚爱和鼓励。可以说，童年的错失往往是一生的错失，童年过不好的人自我修复之路很难也很漫长，童年的幸福是人一生幸福的半径。

家庭教育越来越需要父母具备必要的生儿育女的知识，但更重要的，也容易被人忽视的却是为人父母的本分：你要想让孩子成长得更正常、更健康、更快乐，你就应该更充分、更耐心地陪伴他，培养一个正常人需要的就是正常的生活，这一点做到了，孩子就不会有大麻烦。

对孩子成长的思考，一定要转向家庭、转向父母的责任。一些看似简单的问题其实并不简单：当我们有机会外出旅行时，是否首先考虑的就是一定要把孩子带上？当我们下班时，下班的路是否是回家的路？周末的时间是否是家庭的时间？可能更为严峻的是，当我们外出谋生时，无论实际生活有多大的困难，我们也能想方设法甚至历经艰辛把孩子带上吗？农村大量留守儿童的存在一方面是情势所迫，万不得已；另一方面也是我们的文化存在问题，我们很容易就选择了把孩子留在孤独、无助、疏于管教和缺少疼爱的环境之中。而实际情况往往是，孩子不在你身边，一定就在各种危险之中。由于童年影响具有刻印般的不可逆转性，后面要想进行补救，会为时已晚，错过了成长与教育的最佳时期，这也意味着木已成舟，更多的只能听天由命了。

什么是最好的家庭教育？最好的家庭教育就是和孩子生活在一起，让孩子远离孤独、无助与恐惧，看着孩子长大也是我们最大的幸福。我曾在福州一所小学做了个外来工子女家庭教育的问卷调查，很多父母都谈到"孩子和父母生活在一起才算一个完整的家"，"把孩子带到身边是我做得最对的一件事情"。其实，只有你和孩子生活在一起，你的艰辛和对家庭的责任感才能成为教育孩子的一种优质资源，孩子才可以很直观地看到生活的不易，看到父母的付出。这一切都有助于孩子责任意识的培养，也有助于培养孩子的感恩之心，同时能够激发他内在想要改变自己的愿望。教育说到最后，就是改善遗传、改进文化。遗传很多方面是不能改变的，但可以改善它。教育很重要的作用在于改进文化，我认为在家庭之中核心的文化就是一家人生活在一起，父母陪伴着孩子成长，在有爱、有鼓励、有帮助的地方，即使生活很艰辛，生命照样可以很健全、很健康。

所以，陪伴就是最好的教育。

目 录
CONTENTS

第4篇 八条戒律也是八个人文常识 / 156

第1篇

**孩子的未来
既在父母生命中,
又在父母手心上**

回到思考的起点：把孩子培养成乐观、开朗、有教养的人

> 摆脱恐惧、奴性、粗鄙，把孩子培养成乐观、开朗、有教养的现代人，是每一个父母最重要的使命。

"今天，我们怎么做父母"，是一个世纪的命题，1919年10月鲁迅先生在《我们现在怎样做父亲》一文中就把这个命题摆在了国人面前，他说他写作的初衷就是意在研究"怎样改革家庭"。父母工作最基本的责任就是"一要保存生命；二要延续这生命；三要发展这生命（就是进化）"，但更核心的价值还在于要从原来的以父母为本位，向以孩子为本位转化。父母更多的要理解孩子，如果不去理解，而是一味对孩子提要求，那便是"蛮做"，肯定有损于孩子的成长；同时父母还需要以一种协商的态度去做孩子的"指导者"，而不是只做发号施令的命令者；更要紧的当然是确立孩子成长的目标，孩子应该身体心灵都得到解放，"成为一个独立的人"。

"摆脱恐惧、奴性、粗鄙，把孩子培养成乐观、开朗、有教养的现代人，是每一个父母最重要的使命。"

鲁迅先生这样的命题也可以看作一种生命的嘱托，是对每一个为人父母的人一种恒久的价值提醒。为人父母者也就是要不断地去回应自己这样的生命责任。

那么，你准备好了吗？

因为**我们为人父母所做的就是一种生命的工作，我们面对的是一个活生生的人，这是最重要的**，无论你面对的是什么样的孩子，你都没办法反悔或者"退货"。你找到上帝跟他说，对不起，这个孩子生得不理想，你帮我把孩子收回去吧。上帝肯定会说这是不可能的，这是一次性给予你的，你只能接纳，不能更换，也很难以调整，你只能去面对。其实去面对就是一种责任，选择做父母就意味着选择了人生最重要的投入。当父母就是一日为父、终身为父，一日为母、终身为母，你一辈子就是这个孩子的父亲，一辈子就是这个孩子的母亲。同时还可以说，一日为父，也是终身为师，也就是你成了这个孩子的母亲或父亲，你一辈子就对他有伦理和道义上的责任。孩子小的时候，你疼爱他、抚育他、帮助他、扶持他，孩子大了以后，你还要关心他、帮助他，包括对他的担心，其实也会贯穿你的一生。

几乎所有的儿童教育家都强调在孩子三岁之前，作为父母要全心全意地陪伴他、疼爱他。当父母的工作、生活、休闲与孩子的养育发生矛盾时，父母首先考虑的应该是孩子的"利益"，要尽可能努力地站在家庭一边，站在孩子一边。

实际上，也只有你站在孩子一边，你才可以成为一个父亲，你才可以成为一个母亲，你全身心地投入对孩子的养育，慢慢地就可以从你脸上看到更多的慈祥，从你脸上就可以看到对生命的柔情。你对人生的很多思考，会因为"这一个"孩子而改变。可以说，父母怀有对孩子一生的责任。

而这个责任从孩子孕育伊始就一直伴随着我们，为人父母大概也是世界上唯一不可退休、难以找人替代的工作。

每一个孩子来到世上，都希望遇到一个好父母

改变孩子，要从改变父母开始。父母改变，孩子才能改变。

要想改变孩子，首先要从改变父母开始。父母改变，孩子才能改变。通过父母的改变、家庭文化的改变，一个孩子就可能获得更好的成长空间。孩子不能选择父母，他拥有什么样的父母，是他命运中一件最重要的事情。作为父母，能够认识到这一点，能够很早就认识到这一点，实在是孩子的一件幸事。所以，我思考的主题其实也可以看作是"今天我们怎么做父母"或者是"今天的新父母，到底应该怎么做"。

我思考的第一个主题就是**"孩子是我们一生最重要的事业"**。我的身份首先是一位父亲，我的女儿张格嫣予今年已经 18 岁了。在这 18 年时间里，我从事过很多的工作，在不少领域费心地投入自己的研究，但是在我看来，可能最要紧的工作就是养育孩子这件事。我实在无法说出还有什么工作比这更为重要、更需要我这么劳神用心。世上最让我牵挂的人大概就是她了。有时还会这样想，为人父母，真是一件惊心动魄的事情，你怎样才能做得更好，谁又能教你做得更好？

美国儿童教育专家雪莉·卡特史考特还曾戏拟了一则"征人启事"，要寻找一个好母亲。她的方式有点夸张，说的却是好母亲最重要的品格：

有耐心，愿意牺牲、奉献自己的身体（如果是领养，则不需要身体）来创造、孕育、滋养、指引、照顾一个新生命。一定要能胜任极其多重的工作，职责包括关爱、支持、发展自信心、指导、辅导咨询、老师等。需要有做家务事的经历，不限领域，包括清洁、烹饪、洗衣、烫衣服、缝纫、开车等（或可以安排其他人担任类似工作）。工作前景：与人分享喜悦与失望、庆祝所有的第一次、仪式的传承、在合宜的时机传授智能、在恰当的时刻做训练。应征者必须温柔、坚强、聪明、有趣、热爱教导与学习、能安慰人、有同情心、值得尊重、不畏艰难，最重要的是要很有弹性。完美主义者勿试。

你看这位雪莉·卡特史考特所要求的，哪里是个母亲，简直是个圣人了，也许好母亲就是这么勤勉、多才而又要克己。好的母亲、好的父亲总是极端稀缺的，成为好父母看来实在不容易。

这一点，著名作家、画家黄永玉先生的表达同样令人难忘："孩子是我们的甜美，也是我们的悲伤，是我们的骨肉，我们的心。"我还要接着说，为人父母者其实就是怀揣梦想和责任，把孩子的生命带到远方的人。

这样的信念，苏联著名教育家苏霍姆林斯基是以书信的方式传递的，他在《给儿子的信》一书中，通过22封信与儿子建立了水乳交融的朋友关系。在第一封信中，他讲述了自己第一次离开父母到外地求学，父亲给他写了第一封信（他一直珍藏着），告诫他永远"不要忘本"——粮食、劳动、人民，唯有这样，才能把自己培养成一个"真正的人"。善良、有人性，这是苏霍姆林斯基对儿子的期待，在这里，没有专横，反而多了一份宽容与爱心，这使他的儿子借助自我教育而拥有了自觉的心灵——"善于理解人的心情，善于懂得并用理智和心灵感知自己同胞的苦恼、悲痛和激动，并给予他们帮助"。一封封书信，把孩子与父母的心联结在一起。这"苏氏家书"似乎成了其家教的传统。今天我们是否也思考着这样的问题，其实无论孩子是不是在我们身边，我们都是可以把自己心中的牵挂传递的，比如，今天的书信更多地被电话和电子邮件的联系所代替……

我始终相信：孩子的未来在父母的手心上。其前提是，我们始终把孩子放在自己的心上。

▎健康的生命是孩子走向优秀的里程碑

> 　　从母亲受孕的那一刻开始，一个孩子的未来已经被开启，用心孕育更健康、更优秀的生命是每一个父母的第一责任，这样的责任应该从准备孕育生命的前三个月就开始培植。在热情、健康和充满期待中孕育的孩子也一定会更健康、更聪颖。

　　当我太太怀孕以后，我一上街就发现满街都是孕妇，这种感觉非常奇怪，因为原来你走在街头是不大看得到怀孕的人的，不是街头没有，而是你的眼睛好像被其他你想看的东西"遮蔽"了。而现在完全不一样了，你不再熟视无睹，不再视而不见。有人夸张地说，在一个热闹的街市，大概每隔50米就会走着一位怀孕的女士。当你的太太怀着一个你最珍爱的生命的时候，你的眼睛似乎也装上了一个特殊的视力器，你首先要看到的就是和你太太一样幸福而行动有点不便的人，她们仿佛被施了魔法一般，突然一个个出现在你的面前。同时你还会变得特别的敏感，走在街上，面对任何的危险所在，或其他不安全因素，你都会比平时厉害得多，好像一眼就能看得到。这是一种生命的本能，更是一种文化的本能，保护孩子，关爱家人，不需要"讲道理"，你所受的教育、形成的文化会自然而然地"指挥"着你的行动。

　　我的孩子出生以后，我每天最为关心的往往就是天气变化。那个时候，了解天气动态不像今天这样方便，只要上网随时可以查询，或下载天气预报 APP 可以了解具体的天气状况。那时最主要的是要等电视里新闻联播之后看天气预报，因为我基本不看新闻联播，就变成要守候着时间，等到晚上七点半了，赶快打开电视看看第二天的天气情况，关心气温的变化成了生活中一件非常重要的事情。人的身体中大概有各种各样的"责任的时钟"，到了某个因为具体的需要而被确定下来的时刻，它自然就会响起来。所以也可以说爱即是一种付出，当你坚持着这样的付出时，爱就变成了一种习惯、一种生活方式，当然这样的习惯和生活方式，并不是一种完全被动的给予。当你充满爱意地去做一件事情，哪怕只是为了给孩子洗一个杯子、洗一件衣服，有没有情感贯注其中，你的感受是不一样的，这件事情的意义也是不一样的。爱，这个时候就是对平平常常生活的照亮，也是对我们自己的回馈。我们去做自己喜欢的事情，这就是人活着最重要的意义与最大的快乐。

有一个教育家曾经写道：在一个好父亲或者好母亲身上总是父性和母性兼而有之的，你呵护自己的爱人与孩子，怎么细致都不为过。不要担心别人议论你不像个男人或者过于婆婆妈妈，人性的闪耀一定是美的，即使不为人知，甚至不为人理解也不要紧。它闪耀之时就是价值，你所爱的人会受惠的，当他们受惠时，你自己也在受惠。

实质上，与孩子一起成长，这是互惠的过程。如果你关心孩子的身体健康，你就会通过合理的膳食调整孩子的营养结构，还会培养孩子个人清洁与保持环境卫生的习惯，这反过来也会影响到自己良好生活习惯的形成。如果你想使孩子葆有活力、好奇心与丰富的想象力，你自己首先就必须具有这些特征，才能自然地使孩子成为一个"活泼泼"的个体。意大利幼儿教育家蒙台梭利认为必须采用以自由为基础的教育方式帮助孩子"赢得"自由，要把对孩子的管制与束缚降到最少，这样才能慢慢使孩子"真实地表现其本性"。在你的教育范围内，若存在太多的强迫，孩子势必会遮蔽个性，表现出情感的诡异、行为的分裂与人格的障碍等，这是比较危险的信号。因此，"教育介入"必须以孩子的生命健康与"独立自主"为发展目标。

也可以说，从孕育孩子开始，作为父母，极为重要的就是要用心去培育自己的"父性意识""母性意识"。从家庭而言，由原来的二人世界现在开始转向三人世界，而家庭生活的重点也开始更多地转向这个最重要的"第三人"的孕育与发展。孩子不单是我们的未来，孩子始终都是我们的"现在"，你关注、惦记、呵护、帮助，就是要不断以这个生命为出发点，去改善、调整和提升自己，并试图做得更好。很多育儿专家还特别强调，为人父母实际上还是一种"反思性的行为"，就是要不断地在学习、思考和自我审思中，努力使自己成为合格的教育者。

为人父母，最重要的就是敬畏生命、珍视生命，以谨慎和热情的方式对待生命，任何一个孩子，既是父母的孩子，又是人类的一员。把孩子培养成身心健康的正常人，是家庭教育的起点与核心。

孩子唤醒了我们身上的智慧

父母最需要改变的就是以为只要生下孩子，自己不需任何学习，就"天然"地有权利、有能力教育孩子。成为学习者，与孩子共成长才为为人父母的"通行证"。

天资唤醒得越早越容易发展，天资唤醒得越早越有助于孩子形成自己的兴趣与爱好，建立自信。

成长关键期受到冷落和忽视的孩子，进入青春期之后，往往会出现各种令你意想不到的状况，任何的改善都极其困难。而缺少关爱和鼓励的孩子也往往比较自卑，缺乏主动性。

人身上很多智慧储藏在那里，如果不用，不及时加以训练，这样的智慧也是会慢慢减少或丢失的。比如说你看街上的一个孩子，你大体可以判断他多大年龄，但要具体到几岁甚至几岁几个月那就非常难了。也许可以这样说，只有那些特别用心于自己孩子一天天成长的父母，才开发了自己身上这样的观察和判断的智慧。我想说一句玩笑话，如果你看到一个陌生的小孩，你对他年龄判断误差越小，大概你在自己孩子身上用心就越多。人有很多的能力，你不必刻意去培养，因为有的能力是属于大脑的，有的是属于心的。属于心的，心尽到了，能力也就会有了。以前常常有以工作或所谓事业为最大责任的父母，长期不与孩子生活在一起，回家时甚至与孩子彼此都不认识了，这样的故事在我看来，大体上都让人有些心酸，有的甚至就是人间的悲剧。

我的女儿生下来以后，一直体弱多病，我们几乎半个月多就要送她去一次医院。孩子的童年是围着医院打转的，我记熟了我居住的城市大医院、专业的儿科医院所有名医的名字，还包括有些名医的家庭住址，名医在医院之外各处诊所的坐诊时间。现在 18 年过去了，我依然记得他们中很多人的名字。可以说，你的孩子如果成长不是那么顺利，父母的心也会变得"轻"得多——因为疼爱，所以慈悲，从孩子身上你就可以看到，生而为人，从来都不是一件容易的事。即使你付出很多爱，很用心，但你并不一定就能完全把握孩子成长的轨迹、把握孩子生命成长的状态，每个生命都蕴含着神秘性和不可知性。我们用心于他的点点滴滴，陪伴他每天的生活，其实就是父母送给孩子最好的礼物。

如果要把以上我从自己孩子成长所得到的感悟概括一下，就是你有一个孩子之后，你看世界、看人、看生活、看自己的目光都在发生变化。你有时候会以父亲的目光去看这个世界，有时候你甚至还会以母亲的目光去看这个世界，当然更多的时候你也会以孩子的眼睛去看这个世界——似乎可以这样说，当你又变成一个孩子了，你才会更能理解孩子、疼爱孩子——也正是你以这样不同的目光去看世界，你用这样不同的态度去对待人，你用一种慈爱的心肠对待自己的孩子，那么，在这 18 年，一方面，随着年龄的增长我的相貌会发生变化；另一方面，这个变化又不仅仅是年龄增长所造成的结果，这里也有孩子的功劳。

我想说的是，孩子使我学到了很多未曾想及的东西，使我变得更有理趣，使我变得更成熟。前面提到的鲁迅先生的《我们现在怎样做父亲》一文，他根据生物界的进化现象提出了为人父者在对待自己的孩子方面"要保存生命、要延续这生命、要发展这生命"，虽然他对国人是否能够剔除自身的思想毒素比较担心，但让那些已经觉醒的人应该教孩子"幸福地度日、合理地做人"的主张，还是较有启发性的。为了呵护孩子、保卫童年，成人非得理解、指导和解放孩子不可。孩子的天真淳朴富有天然的成分，需要成人给予理解与尊重；孩子的个性需要引导，不能强制或命令；孩子的心智需要开启与激活，而非灌输或催迫。以此为出发点，**成人势必要以学习者的身份与孩子一起协商、一起游戏、一起学习、一起劳动，彼此之间是平等的关系，不存在谁占有谁。**

还可以这么说，所有的人都是未完成状态的人。因为有了孩子，我们成为父亲、成为母亲，这里的成为不单是一种身份，也不仅是一种意识与能力，它还包含着生命自身的更好的发展，也许这样的发展也只有通过孕育和促进另一个生命的发展，才能得以实现。所以，为人父母，一方面他成了指导者、推动者；另一方面这样的指导与推动也是指向自己的。**一个有更多"父性意识"和"母性意识"的人，都有可能变成更善良、更耐心、更有责任感的人。**

‖怎样用一种责任推动另一种责任

你每天以什么样的方式对待孩子，慢慢地，你便会有一张什么样的脸，是孩子塑造了我们的面貌。

一日为父，终身为父。一日为父，也是终身为师。父母对孩子的责任几乎就是终身性的。好父母就是一所好学校。

在缺乏关爱和温暖的境遇中成长的儿童，由于长久的哭泣训练，其泪腺甚至都会发育过早。童年缺乏关爱和温暖的人，终身都会缺乏安全感。

前年我到湖北讲课的时候，有一个报社的记者一看到我，就跟我说，张老师我知道你肯定有一个女儿。我感到很奇怪，我说，哪里能够看得出来啊？她说，你长着一张生女儿的脸。我说，难道人生男孩、生女孩还有一张不一样的脸吗？她说其实不是那样，而是你有一个女儿，你就会有一种对待女儿的态度，日积月累，天长地久，你脸上就有了家里有女儿的那种更柔软、更慈祥、更安详的表情，这种表情日积月累，虽然你不知道，但是在你脸上会慢慢地呈现出来。

说实在的，我光是用一辆自行车载孩子上学，一骑就是 8 年，从她幼儿园到小学五年级。我写文章时曾把它形容为"一辆破旧的自行车上载着最珍贵、最心爱的女儿"。早上出门时，孩子往往是兴奋而沉默的；晚上回到家则是疲倦而多语。我总是鼓励她说话，无论说什么，你用心听、认真回应就好了。也许可以说，当孩子小的时候，你多和她说话，等她长大了，你才知道怎么接着和她说话，才能自然而又亲切。学校里发生的一切、班上有趣的事情、她喜欢的某个同学，孩子的校园生活和你对孩子的关注美好地交融在一起，你陪伴孩子"早出晚归"，收藏了孩子成长中生动的点点滴滴。即使这样的日子有点艰辛，但也一定充满乐趣，而且，**和孩子的关系越亲密、越自然，你对他的影响就会越广泛，你能够改变、改善、帮助他的地方也就越多**。另外，**这样的影响也是双向的，不但是你在改变着孩子，孩子也在改变着你**，潜移默化、潜滋暗长。不但眼睛骗不了人，俗话说"眼睛是心灵的窗户"，连人的面貌、神情也骗不了人。人的面貌、神情也是一种文化，是人内心状态、教养状态、生活状态的呈现。可以说，如果孩子成长得顺利，父母的神情中就会少很多的焦虑和疲倦；孩子的性格越是平和，父母的精神状态也就越是从容稳定。我们把孩子带到这个世界上，他也是为我们自己的改变而到来的。实际上，一个人只要用心，就会有所发现；一个人只要有注意，就会有记忆；一个人只要有责任，其实也就会有能力，我们的很多能力并不是凭空出现的。任何一个为人父母的人，只要能够不断地认识到这个来到世界上的孩子对你而言是多么重要，而你对这个孩子的成长又是多么责任重大，你就会发现，当了父母，你的整个人生就被改变了。

好父母要用心于自己的改变，好父母同时也需要由自己而更多地想到孩子，再由孩子想到自己。孩子在帮助我们做父母，我们也由对孩子各种各样问题的应对中获得了自我提高。

孩子一来到这个世界，父母便多了一份责任，彼此的改变是深层的。

德国实验教育学的奠基人之一拉伊在其《实验教育学》中谈到青春期对孩子身心发育的影响，在觉醒状态的冲动下，孩子开始具有自我意识和责任感，其批判性的思考和行动要求自身拥有相对自由的空间。这个时期的孩子非常敏感、容易动怒，成人绝不可用自己的能量与操作方式要求孩子，而要正视孩子发育过程中的各种差异，以一种责任推动另一种责任。每一个孩子皆是独立的个体，他拥有唯一的身体结构与独特的心理世界。善于理解与倾听孩子的父母，自能尊重孩子的个性，更好地培养孩子的责任意识，让孩子对自己的生命负责，让孩子对自己所做的每件事负责，让孩子对身边的人负责。

一个人如果常常对孩子粗暴发怒，除了自身的教养问题外，这往往也与无能、无力去理解孩子有关。你从不学习，无论是从书本还是从孩子身上；你意识不到学习的重要性，当亲子关系出现问题时，不会想着首先要克制自己的怒气、想着也应该站在孩子的立场去思考，更不会想到，有时自己解决不了问题，应该向书本或他人求助。可以说这样的父母是"无助的"，这个无助是指他只能靠本能、惯性和残缺的理解力去面对一个复杂的生命。

一日为父，终身为父。一日为父，也是终身为师。父母对孩子的责任几乎就是终身性的。好父母就是一所好学校。

谁能为孩子提供丰富而有益的生长环境

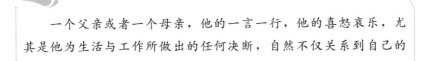

> 一个父亲或者一个母亲，他的一言一行，他的喜怒哀乐，尤其是他为生活与工作所做出的任何决断，自然不仅关系到自己的未来，也肯定关系到整个家庭的未来，更关系到孩子的未来。

在我乡下老家，有一种有趣的说法，说的是如果一个人年纪比较大了，比如20来岁了，还不太懂事，老是犯些傻，好像长不大似的，大家就说"让他结婚吧，等他结了婚、生了孩子，他马上就会成人了"。实际上任何人真的结了婚生了孩子，他都会发现自己不仅仅是一个个人，无论对家庭还是对孩子，他身上的责任都太重大了，他不长大还真不行。

一个父亲或者一个母亲，他的一言一行，他的喜怒哀乐，尤其是他为生活与工作所做出的任何决断，自然不仅关系到自己的未来，也肯定关系到整个家庭的未来，更关系到孩子的未来。我就发现自己成了父亲之后，无论每天在哪里，每天有多忙，总是会想到自己的孩子，想到自己孩子成长的问题，想到自己身上担负着养育孩子责任的问题。也许我可以略加夸张地说，18年来我最欢欣的事情就是自己有了一个孩子；最沉重的事情，也是有了这个孩子。

从大的方面看，你一定需要有一种思想准备，有了一个孩子之后，你的整个生活轨迹是要被改变的。特别是孩子出生后的最初几年，你甚至根本不能希望有自己的爱好和自由支配的时间，因为你的被改变几乎就是无条件的。你的时间都掌握在孩子身上，如果有可能，在孩子 3 岁之前，父母中至少要有一个人，一天也不要离开孩子。你陪伴孩子越多，孩子获得的对"爱的确认感"就越为强烈，由此产生的安全感会更为确定，这一切都会影响到孩子的一生。可以说，生了孩子又不想承担养育责任的父母，其实也是心智未成熟的人，这种"未成熟"和"不愿成熟"的状态对孩子而言都可能是一种可怕的灾难。

从小的方面看，越是婴儿时期的孩子就越脆弱，需要悉心保护，这样对孩子的保护也是无条件的。比如半夜时，无论你多疲劳、睡得多沉，孩子突然哭了、突然发烧了，或者发生了其他你意想不到的情况，你总是会像定时闹钟一样，在那一瞬间就醒过来。可以说人的身体里都有一种感应器，一个内在的警报系统，它是由孩子控制的。它是由爱和责任所控制的，与其说我们是被孩子吵醒的，不如说我们是被"唤醒"的，我们身上所有的父爱、母爱都是被唤醒的。当孩子来到世界上，我们成了父亲、成了母亲，并渐渐明白养育孩子其实是一件最难的事情。尽管孩子的脆弱和缺乏一般的心理能力使许多新父母感到棘手、厌烦，但在孩子 6 岁前他们却发展出巨大的潜力，蒙台梭利称此为"生命的秘密"。她对人们把"心智的教育"当成育人的全部很不以为然，因为"过分严格"的教育没有察觉到孩子的恐惧，若使孩子"以性格的改变或变态做出反应"，则孩子的整个生活便遭遇损害；若孩子能表示出"愤怒"，则意味着他懂得自我保护。这些现象都不是我们愿意看到的，"我们知道如何在牡蛎壳中发现珍珠，在山里发现金子和在地下找到煤矿，但我们却没有意识到当儿童降临世间时所隐藏着的使人类复兴的精神胚芽和创造星云"，这对我们无不是一种提醒！孩童无时无刻不在吸收着来自环境的各种能量，身为新父母，我们能不为孩子提供丰富而有益的生长环境吗？

我说的"让'坏孩子'早点结婚"是一个比喻，其实结婚、生孩子都不应该太早，这一点不是从法律意义上说的，而是从文化意义上。一个人应该在心志比较成熟时再生孩子最为适宜，因为成熟会帮助我们克制烦躁、恐慌，成熟也会帮助我们更好地承担自己的责任。为人父母，却没有责任意识实在是个灾难。常有人说晚生的孩子更聪明，我也相信这样的说法，我相信的不是这句话的"科学性"，而是你到了壮年，一切条件都已具备，非常渴望着有一个孩子，有了孩子之后，你又有足够的心思花在孩子身上，这个孩子自然会成长得更好一些。

"阶层"也是很容易被世袭的，要改变孩子的命运，唯有在教育上多投入。

▌被上帝咬了一口的苹果

> 爱孩子就是相信未来，拥有理解生活、抗拒厄运的勇气。为人父母必须更善良、更坚强、更有进取心。孩子出现，父母改变。

我们无论怎么期许这个孩子，希望他能够生得健康、健壮、聪明、漂亮，成长得顺利，但是任何一个孩子生下来，其实都是"被上帝咬了一口的苹果"。什么意思？任何一个孩子生下来之后，你都会发现，世界上并没有真正完美无缺的人，也许只有在童话中、在神话中、在幻想世界里才有尽善尽美。比如，大家看我是个矮个子，有人可能要把我称为几等残疾，不过如果不和别人做比较，我也不会觉得自己太糟糕，但是一跟别人比较，就会发现自己确实长得勉强了点。这样的比较，其实可以在各个方面进行，只要一做比较，每个孩子都有短处，也都会有长处，关键是你用什么样的目光看待这个孩子。所以，也可以说不是孩子有问题，而是你的标准才是最大的问题，社会的标准才是一个最大的问题。

被誉为"中国第一位觉醒的父亲""赏识老爸"的周弘先生，用二十多年的生命探索并发现了赏识教育，把其双耳失聪的女儿周婷婷培养成留美硕士生。这个案例不仅改变了一个孩子及其父母的命运，而且对改变千千万万的孩子和父母的命运有极大的帮助。由于婷婷患有失聪，一岁半时因发高烧打了几针庆大霉素，结果导致双耳失聪，这个巨大的打击不是谁能理解得了的！为了给女儿治病，他差点倾家荡产，还是无济于事，当医生一次次宣告无能为力时，周弘的最后一道防线彻底崩溃了。除此之外，他还要忍受来自身边人的嘲笑——"周弘的嘴巴太会讲了，所以生了个哑巴女儿"。最折磨人的，莫过于看着女儿承受着连大人都无法忍受的治疗之痛。后来，女儿终于恢复了一点可怜的听力。每个孩子的生命无不与父母的生命联结在一起，永不分离，在四处求医问药的过程中，周弘始终伴随在女儿左右。他在共同承受的过程中并没有一蹶不振，反而靠自己的摸索慢慢觉醒：他用"玩汉字，学走路"的方法使女儿感受到声音的美妙，实现了生命的第一次觉醒；他以"找感觉，尝甜头"的方式使女儿找到了自信，在 10 天内背出了圆周率小数点后 1000 位，实现了生命的第二次觉醒。"竖拇指，你能行""懂孩子，爱孩子""够朋友，大家好"和"全放下，为天下"等理念都是他在与孩子相处时觉醒并采纳的有效方法。这些方法都是值得每个因孩子的成长而无比烦恼的父母借鉴的。

每一个父母都应该用一生的力量说出"我相信你，孩子"。相信孩子就是陪伴、疼爱、关注、鼓励、促进，以及所有助益性的推动。当你相信孩子时，孩子的命运就改变了。当你用整个生命去"相信"时，你自己的命运也被改变了。

我们身上有多少改变不了的东西

> 身为父母，我们的目光既可向上，也要向下，要珍惜孩子已经具备的，把孩子培养成身心健康、正常的普通人，恰恰就是一种努力的方向。

我们还会发现，一个孩子出生后，他身上有很多东西都是一次性给定的，比如出生在什么家庭、什么时间、什么国度、什么地区，这些都是非常重要的、影响你一生的因素。又比如，我刚才提到身高，可能遗传所起的作用就非常关键。像我这样的人，如果选择体育运动项目的话，可以选择乒乓球、体操、举重等，根本没办法选择篮球、排球这样高个子的游戏。你看姚明，他是中国新一代运动员的杰出代表，身上有很多可圈可点的品格，但是要说到起核心作用的还是他的身高。我相信他一辈子都会感激他的父母，他的父母一辈子也会为自己的遗传优势感到自豪，正是因为有了身高这份傲人的优势，姚明才踏上了通向荣誉、财富、影响力的卓越之路。说起来，这样的"给定"，我们每一个人都有自己的"给定"，比如像我母亲所关心的"健康与健全"，其实正是遗传里面更让人紧张、揪心的东西。一个孩子生下来，"什么也没多什么也没少"，至少决定了他一生的某个水准线，这样的水准线我们达到了，可能你觉得没什么，但是对那些身体有残障的孩子而言，他为了达到普通人都习以为常的水准线，不知要多付出多少倍的努力啊。身为父母，我们的目光既可向上，也要向下，要珍惜孩子已经具备的，把孩子培养成身心健康、正常的普通人，恰恰就是一种努力的方向。

每一个人的成长都需要必要的条件，一个孩子的天分越高对成长所需要的条件也越为苛刻，所以，"莫扎特如果出生在一个农民家庭，很可能就会成为一种灾难。"

在我们身上，除了刚才说的这些"给定"之外，我们的智力状况往往也受遗传的巨大影响。这些既包括我们智力的总体水平，也包括我们的具体智能分布状况，比如像美国加德纳所说的人的"多元智能"，它既强调人的智能其实是在不同的领域分布的，又指出人的智能其实也都是有长短项的，类似于"上帝关上你的一扇门，就会为打开你另一扇窗户"。当然，你从遗传中所获得的智力状况，往往决定你未来发展的方向和速度，以及你能够达到的高度。按照意大利儿童教育家蒙台梭利的观点，这是一种生命的"自然"，这个"自然"就是天生如此，不是外力所加予的，也就是你生下来身上所具有的东西是最重要的。

每个人有了最基本的身体条件、生活条件、教育条件，你身上"自然"有的潜质就能得到发展。但是，真正的问题却是，我们作为父母，如何去判断、如何去抉择与帮助呢？我们对待自己的孩子有可能既不理解，也缺乏期待，更缺乏鼓励，因为我们不明白孩子身上到底具备了什么潜质，这些潜质又将怎么发展，我们对待孩子最好的方式又是什么。

　　我们往往只会作最粗心的评价，也就是看孩子的成绩是多少，做简单而又不太负责任的比较。比如有时孩子成绩不佳，你一看某某人的孩子，他父母受的教育都不如你，成绩怎么比你的孩子好，或者人家读一遍就会了，你的孩子怎么读十遍还不会呢？其实在会与不会背后，都有每一个生命自身的秘密在里面，有的光靠勤奋还真不能解决问题。

1％的灵感比 99％的汗水更重要

> "成功等于 99％的汗水加上 1％的灵感，但是这 1％的灵感最重要，甚至比 99％的汗水还要重要。"爱迪生提醒我们的是，如果离开了这 1％的灵感，99％的汗水将毫无意义。

我们在很多学校的墙上都可以看到一条爱迪生的格言，叫作"成功等于 99％的汗水，加上 1％的灵感。"这条格言大家都耳熟能详，也就是所有成功都是勤奋努力的结果，只要勤奋努力就一定能够成功。而无数成功者的事迹也在不断地佐证着这句格言，以致很多不成功者往往要承受双倍的痛苦——一方面是不成功的沮丧，另一方面则可能是对自己还不够努力的自责。我女儿读初中时就对她妈妈说过："我为什么这么努力了，成绩还不能提高？"让人想不到的是，爱迪生的这句格言还有另一半，他说，"但是那 1％的灵感最重要，甚至比 99％的汗水还要重要"，他不是和大家开玩笑吗？他说的是什么意思啊？他强调的是人身上那种特质才是最重要的，如果你不具备这种特质，那么你在这个可能"不属于"自己的领域，哪怕再勤奋，你能够获取的"荣耀"大概也极为有限。这一点，真是最大的麻烦，也是我们学校教育和家庭教育的困惑所在。现实情况常常是，只要孩子的成绩没有达到父母、老师、学校、社会所要求的那个标准，你很可能首先想到的不是孩子不努力、不勤奋，而是孩子的努力还不够到位，其实这样的评价貌似很公正，实则忽视了个体差异，忽视了每一个人身上很要命的生命秘密。当然，有的时候还有另一种情况，就是那个"1％的灵感"它本身也是变动不居的，可能在某个阶段，它是混沌一片的，而到了另一个阶段，它则是灵光闪现，一下子豁然开朗了。从这个意义上说，教育好像就是发现和等待的艺术。华人世界最杰出的电影导演李安考大学考了三次，最后上的是家人并不满意的艺专；而像爱因斯坦这样伟大的科学家，他的天分也并不表现在童年时的语言发展上。这样的迟缓、不在状态其实也不是什么特例，也许每个人都有他的短处，都有他找不到感觉的领域，尤其在孩子童年时，因为作为父母你什么都看不出来，你特别没信心，因而他的任何短处，或者不适应学校、不适应学习之处，都成了父母最大的焦虑。说起来，任何发展不平衡、任何的迟钝之处，在今天非常整齐划一的学校教育和评价体系中，落在任何一个人身上，都是一种痛苦。我们总是太急了，我们太不愿意给孩子等待的时间了。我们总是把自己的焦虑转化成了孩子的焦虑。

有一次我到广州一所学校讲生命教育的问题。讲完课，学校的一位副校长上来做小结，那天她特别激动，流眼泪了，说是非常感激我。感激我什么呢，因为这一天下午她正在家里和孩子做斗争呢。孩子背一首古诗，背了一个下午还不会，母亲在边上早就听会了。我想这样的事在生活中也是时有发生的，关键在于我们怎么评价。一个孩子，他背了一个下午的古诗还背不下来，你首先不能说他不用功，甚至也不能急着说他不用心。他的不会一定有他的问题，就好像一个机器的螺丝可能没拧紧，某一个小的窍门没有被打开，某一个灵感的闪现点没有被点亮——这一切要是他自己能知道、能改善就好了。可是问题恰恰在于这样的"知道与改善"正是教育工作的核心所在，是需要做大量工作的，有时也需要经过漫长的时间。对父母而言，不能生气，不能责怪，更不能失望和恼怒。好父母就是有耐心的人，等待孩子思维的觉醒，鼓励他的觉醒，相信他，无论遇到什么情况，总是保持自己的信心，即使等不到孩子真的"觉醒"的那一刻，也不泄气。

任何一个人的成长都有"内在限制"，这样的限制常常不为父母和其他人所知，在宽松和充满鼓励的环境中成长的孩子，往往能够把自己的优势发挥到最佳。

‖铁是铁，钢是钢，不要"恨铁不成钢"

> 因为疼爱，所以慈悲。生而为人，从来都是一件不容易的事。每个生命都蕴含着神秘性和不可知性。陪伴孩子成长，是父母送给孩子最好的礼物。

在生活中，我们经常看到一些父母很生气地对孩子说："我对你，真是恨铁不成钢！"其实铁是铁，钢是钢，这个铁是没办法变成钢的，而且铁有铁的价值，你也不要把它变成钢，可能铁好不容易变成钢也是废钢，也是派不上用场的钢。教育中有不少悲剧就是"恨铁不成钢"造成的。安徒生童话中的"丑小鸭"最后变成白天鹅，最重要的不是靠勤奋刻苦，而是它本来就是一只小天鹅，只不过生于鸭子窝里，被人误以为是一只丑小鸭。反过来我们也可以说，如果我们的孩子就是一只丑小鸭，我们也应该努力帮助他成为健康的丑小鸭、快乐的丑小鸭。

作为父母，理解孩子一定是放在第一位的工作。理解了才有同情，才有慈悲，才有勇气，也才有以无限热情接纳孩子的信念。

从太太怀孕开始，我思考最多的是这样的问题，就是你要用无限的热情和期待，你要用无限的信任与关怀，你要用无限的细致与感恩去接纳来到这个世界上。你唯一的一个孩子，哪怕他很笨拙，你都要努力使他成为笨拙而又快乐的人；哪怕他发展很迟缓，你也要有信心和耐心一步一步地帮助他、鼓励他、关怀他。做一个父母也就是做一件不容易但最应该做的事情，即使别人做不到，你做到了，你就给了孩子更多的希望。父母用心多一点，孩子就可能胜人一筹。孩子是我们心头的肉，是我们生命的重要组成部分，不珍爱孩子的父母是不存在的，只是关爱的方式不同罢了。19 世纪最伟大的女性之一海伦·凯勒，虽身患残疾，可她依然凭借钢铁般的意志战胜了种种困难，实现了人生的价值转换，她在《假如给我三天光明》中深刻地表达出其对"人在临死前该如何度过"之类问题的强烈兴趣。在父母的关爱下，"过好每一天，珍惜眼前的一切"，这一简单信念促使她更热爱生活、敬畏生命。她说，第一天要看看那些善良的人们如何延续友情，"我还要让我的目光停留在一个婴儿的脸上，以便我能捕捉一种热切期望的纯美的视觉，这是个人意识到生活带来的冲突之前的天真无邪的美的视觉"；第二天要看看太阳唤醒大地的美丽景观并"努力通过人类的意识来探究人生的灵魂"；第三天要看看平凡世界中新的愉悦与生活。她的残缺反而促成了她的不平凡，这是教育的奇迹，并对正常孩子的家庭教育提供有力的借鉴。

对待自己的孩子，父母最缺乏的是发现美的眼睛。面对孩子身上的美，若能针对孩子的实际适时说些"太好了""你真棒""你真行"之类的鼓励语，将决定孩子未来的一切。

爱孩子超越了责任，爱孩子是你的命业。 生命的唯一性和唯一的孩子都使父母必须时刻意识到自己的责任重大。

我的孩子为什么不是天才

> 孩子学习成绩不理想时，多与教师沟通、请家教都是办法，尽你的能力去做。
>
> 要正确对待孩子对老师的评价，不在孩子面前议论老师或与老师争吵。

下面我再接着说说问题的另一面。

今天很多父母也有另外一个问题，就是可能会在孩子身上寄予自己太多太高的希望。不是只能生一个孩子吗？那么我的孩子为什么不是一个天才、全才呢？

既英俊，又富态，并且穿着体面，是一个出色的田径健将，还能一年赚一百万元；是一个说话风趣的人，是一个讲究美食与生活享受的人，又是一个情场杀手，还是一个哲学家；是一个慈善家、政治家、战士，又是非洲探险家，还是一个"音诗作者"与圣人。但是，这是根本不可能的……在生命的开端，这些截然不同的角色也许会被设想为具有相同的可能性。然而，要让任何一个角色成为现实，其余的或多或少都必须受到压抑。因此，那个寻找最真实、最坚强、最深刻的自我的人，必须谨慎地审查这份

清单，并从中挑出一个角色来押上其自我救赎的所有赌注。所有其他的自我随即变得不真实……①

在孩子身上寄予的希望越多越容易成为不切实际的幻想。 这样不切实际的幻想会成为父母理解孩子的障碍，这样不切实际的幻想无助于我们去接纳一个生命。

每一个人都是遗传和文化的产物，每一代人都只能进步一点点。寄予希望太多，要求太严格，往往会适得其反。因此**珍惜和爱护孩子身上已有的，也是一种理性的态度**。

我曾经主编了一本书，叫作《教师怎样教育自己的子女》。我在书中提到，有不少教师教育自己的子女很失败，做教师的孩子除非极有天分，要不然普遍比较压抑，道理很简单：

·几乎所有的教师在内心都希望自己的孩子比自己所有的学生都要出色。

·作为教师，总是会对自己的孩子要求更严格。

·作为教师，更难接受自己的孩子可能只是一只丑小鸭。

·作为教师，面对自己孩子的落后与不足，往往会更强烈地感到有失面子。

---

① ［美］朱迪思·维奥斯特著，吕家铭、韩淑珍译：《必要的丧失》，上海，上海三联书店，2007。

很多所谓成功家庭往往也会对孩子更为严苛。他们的孩子在这样的环境中成长，要么特别自卑、懦弱，要么就会特别叛逆。

父母对自己的孩子都有从幻想到接纳的过程，就像我们要理解世界的复杂性一样，每个来到世界上的孩子也都有各种各样的可能，一次看似简单的生育背后，其实是一次重大的命运的考验。

另一方面，也要看到，我们要面对的"这一个"，既是我们用心孕育的，又可能是我们意想不到的唯一的"一个"，为人父母其实就是要去理解、去接纳、去期待。往往很多现实问题，远比我们想象得还要沉重，好父母就是要永怀希望，永不放弃。

我的孩子会是莎士比亚吗

> 受到疼爱的孩子不一定都会成为天才，但被疼爱的孩子一定会更健康、更聪明、更有幸福感。

美国有一个哲学家叫乔治·桑塔雅纳，他说，上帝在创造英国天才诗人、剧作家莎士比亚的时候，是加倍精制的。什么叫加倍精制？就是好像在这个天才身上，上帝是特别用心用力的，大概天才成为天才，都得有上帝在创造人时特别的用心才行。其实这个"上帝"也可以就是我们每一个父母，我们每一个父母都可以把自己的孩子看作我们的莎士比亚，需要我们加倍地精制。

其实把自己的孩子看成莎士比亚，首先要关心的不是他的天分，因为天分是很难判断和预见的，大概后天也很难再帮上什么忙，"父母不傻，孩子大概也不会太傻"，但父母要是真的遗传了什么"傻"，那则是我们要讨论的另外一个问题。我现在说的是，**我们要把"加倍精制"理解为对孩子细致地关爱，这种关爱的落脚点首先应该放在把孩子培养成一个正常的、健康的人上。** 受到疼爱的孩子不一定都会成为天才，但被疼爱的孩子一定会更健康、更聪明、更有幸福感。 父母抚爱的手，能使我们从孩子脸上看到天真、自然和明亮的欢乐。

前文所提到的盲聋哑残疾人海伦·凯勒之所以能成长为著名作家和社

会活动家，与她父母的关爱及生活的环境有关，更重要的是她的家庭教师安妮·莎莉文的悉心指导与启发。安妮也是一个只有微弱视力的人，家境的贫穷及母亲的早逝给她的童年带来常人难以想象的痛苦，在救济院的那些日子中幸亏一位瞎了眼的老妇人以讲故事的方式使她摆脱孤独。在好心人的帮助下，她逐渐体会到学习与生活的乐趣。或许，是这一人生经历使她在教育海伦时多了一份自信与耐性，尽管她所面对的是一个脾气非常不好的孩子。安妮对海伦的改变，主要在于她为海伦提供了"最自然的充满生机和活力的教育"，结合海伦的特点，让其从自身的兴趣出发去大量地感受学习的乐趣。安妮在海伦身上拼写"w—a—t—e—r"（水）时，把她带到水房，一边放水，一边让其感受水的存在，通过感觉激活了她空白的想象空间，智慧之门从此被开启。

没有现成的经验可供学习，在黑暗中把一个残疾孩子培养成对后世有深远影响力的伟大女性，这是安妮·莎莉文在家庭教育领域为我们创造的"教育传奇"。相比之下，我们却常常不自觉地把活泼的孩子变得愚笨起来，甚至导演着一出出悲剧，这不得不让人心寒！

"你的孩子身上带的土少"

> 每一个人都是遗传和文化的产物，每一代人都只能进步一点点。理解自己的局限，就能理解孩子的局限，就不会盲目地急于求成。

前文我说到"一个人的限度对人一生的发展"很难说清楚到底是劣势还是优势，在这里还想补充几句。怎么说呢，就人的一般意义上的发展，其实并不以上清华大学、上北京大学为标志，寻找人生最佳的发展点才是更为核心的问题，人最佳的发展都是在自身意义上的发展，一个学业成绩不佳的人却可能有非同寻常的人际智慧，有高超的人气，可以成为领袖，成为国家总统，一个沉默寡言、有严重交际交往障碍的人也可能是个卓越的哲学家，可以说劣势往往意味着另一方面的优势，关键看你用什么尺度看待孩子。如果你能够依照孩子自身的特点制定适合他的评价尺度，这对孩子而言实在是善莫大焉的事情。

有个妈妈因为自己的孩子体弱多病，很为之发愁，有一天她找到一个老中医，问医生怎么办。医生说，没办法啊，谁叫你孩子身上带的"土"这么少！医生说的意思是，这个孩子特别聪明啊，所以对节气、气温升降等都特别敏感，稍微有点风吹草动，别的孩子没事，他却受惊扰了、生病了。也许，从这个意义上还可以延伸一下，人类历史上，很多天才都是体弱多病的，或者心灵有某些不可医治的隐疾的。

　　法国启蒙思想家卢梭在其代表作《爱弥儿》中，通过对假设的教育对象爱弥儿的"自然状态"下的教育，使其借助生活和实践的感悟而累积了生存的基本知识。卢梭的分阶段"自然教育"原则自有其超越时代的历史性意义。他主张，2～12岁的儿童应以感官教育为主，12～15岁应以智力教育为主，15～20岁应以德育为主，然而，在孩童的每一个关键时期所进行的教育应该不存在明显的界限——其指向皆是为了"人的完整性"教育。**"出自造物主之手的东西，都是好的，而一到了人的手里，就全变坏了"**[①]这一开篇之语为父母时刻反思自身的教育方法与行为提供了警示，真正的教育在于"实行"而非"说教"。盲目地为孩子创设温室般的成长环境，是家长们的一贯做法，但我们却几乎没有看到温室效应对孩子心智发育所产生的灾害。遵循自然，尊重孩子的天性，利用各种考验让孩子锻炼体格和砥砺心性，养成节制的习惯，使欲求控制在自我的能力范围内，这样更能使孩子体会到人生的苦乐。

　　既不娇纵孩子，又不逼迫孩子，而是有所节制地引导孩子去完善个性、发掘潜能，使他们在动手实践的过程中发现自身的价值。这是家庭教育中始终必须坚持的自然原则。

---

　　① ［法］卢梭：《爱弥儿》，北京，商务印书馆，1978。

你上的是快车还是慢车

> 勤未必能补拙，扬长远胜于避短。
> 尊重孩子的兴趣，鼓励孩子自己去尝试。如果尝试失败了，
> 继续鼓励孩子尝试别的，直到找到他喜欢的为止。

如果说人的天分是个问题，那么人的选择则是另一个更重要的问题。比如，在社会学研究领域有个乘火车理论，就是一个人可能开始时发展比较慢，但是他后来搭的是一部快车，那他一定比开始发展很快，后来却搭一部慢车的人，跑得快得多。这个故事背后说的是，更要紧的也许并不是人的智力，而是看你所选择的"发展空间"需要你什么，如果需要的正好是你的长项，你一定可以成为一个"天才"。

发现孩子的长项，是每一个父母最重要的工作。

在儿子安安两岁的时候，妈妈发现孩子对语言的敏感，便时时注意对孩子语言能力的培养。因为孩子生活在中文、德语与瑞士方言的环境中，而父母又以英语作为交流的语种，虽然父母故意不教安安英语，但好几次，孩子都能说出一些英语单词来。安安妈妈主要以讲故事的方式开始孩子的阅读，但故事里的情节却又有些残酷与暴力因素，比如《白雪公主》，里面那些简短的情节中却有不少杀人的方法，这就不得不使我们以严谨认真的态度筛选适合孩童倾听与阅读的故事书籍。她还特别注重对安安进行

汉语传统文化的启蒙，比如《西游记》《水浒传》便是她常常讲给孩子听的文本，而安安总是边听边问，不仅有创造性的问题呈现，又有天真的"劫富济贫"的模拟行为。**只要用心观察、悉心培养，每个普通孩子身上皆有其最擅长的一项，你要给孩子时间，让孩子慢慢积蓄更多的能量，尽情地发挥。**

当你还没发现孩子的长项时，应该鼓励他发展自己的兴趣，兴趣所在，可能就是长项所在。

遗传决定人的限度，选择则可能决定人的命运。

当然，教育要研究的是更为普遍的问题，就是我们的孩子毕竟不是天才，他只是一个普通人，怎样让这个普通人成为优秀的人——像成功的父母一样优秀，比平凡的父母远为优秀，这不是共同的梦想吗？

在古代，当动物还能像人一样说话的时候

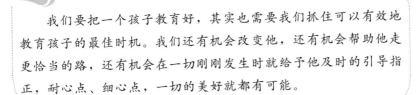

　　我们要把一个孩子教育好，其实也需要我们抓住可以有效地教育孩子的最佳时机。我们还有机会改变他，还有机会帮助他走更恰当的路，还有机会在一切刚刚发生时就给予他及时的引导指正，耐心点、细心点，一切的美好就都有可能。

　　最为畅销的育儿图书，基本的模式往往都是"我的孩子是个有什么什么缺点的人，经过我怎样怎样的教育，成为怎么了不起的人"，《卡尔·威特的教育》如此，《哈佛女孩刘亦婷》如此，周弘讲述的故事也是如此。这样的故事与其说描述的是奇迹，不如说它说的就是信念和耐心所创造的可能性。作为父母，与其生活在不可靠的幻想中，不如直面现实，有勇气和恒心去实现自己的梦想，从改变自己开始，从孩子生下来的第一天开始，从知道自己的孩子就是一只丑小鸭开始。雄心不一定能创造奇迹，但雄心一定能够使你得到你应得的。我想说的是，如果你是这样的一个父母，你的孩子一定能够发展得比那些条件和他差不多的孩子更好！

　　所有的奇迹都是耐心的结果，一个人的成长是非常缓慢的，教育孩子哪里能够速战速决、立竿见影？耐心就是和命运拔河，在耐心中机会总是能够找到的。其实，很多改变都是在不知不觉中发生的，很多改变甚至也要到了火候才有可能。英国的学者研究发现，一个孩子在 16 岁前是很难自主改正错误的。这样的研究，大概也会使我们放松点，我们总是容易嫌孩

子不断地犯错误，重复着犯同样的错误，大概我们和孩子生活在一起久了，也会忘记了自己的孩子还只是个孩子吧！

阿根廷著名作家博尔赫斯曾说过一句有趣的话，说世界上最神奇的事情莫过于这句话："在古代，当动物还能像人一样说话的时候……"他说这句话可以带给我们无限的想象力。我们要把一个孩子教育好，其实也需要我们抓住可以有效地教育孩子的最佳时机，我们还有机会改变他，还有机会帮助他走更恰当的路，还有机会在一切刚刚发生时就给予他及时的引导指正，耐心点、细心点，一切的美好就都有可能。

人生不是百米短跑，人生是一场马拉松，起跑线上的落后不是不能改变的，更重要的竞争在于耐力、信念、健康，和坚持跑下去的恒心。

"母本"很重要，范本更重要

既要鼓励孩子热情表达，更要培养孩子用心倾听。能够认真倾听孩子说话的父母，就是最好的示范。

父母要尽全力避免在孩子面前表现出失望和厌烦，任何时候爱孩子，都是一种行动。你和他在一起，你带领着他，你站在他身后。

有教养的父母，不一定就能培养出有教养的孩子。但可以肯定的是：父母缺乏教养，孩子会有麻烦。

马卡连柯特别强调父母对孩子的示范，认为父母的行为"最具有决定性的意义"。"不要认为，只有当您与孩子谈话，或教导他，或命令他的时候您才在教育孩子。在您生活中的每一时刻，即使您不在家的时候，您都在教育着孩子。您怎样穿衣服，您怎样与别人交谈和怎样谈论别人，您怎样高兴和忧愁，您怎样对待朋友和敌人，您怎样笑，怎样读报——所有这一切对孩子都具有重要意义。孩子能发现并感觉到语调中的细微的变化；您思想上的所有转变，都会通过无形的途径传达给孩子，而您却没有察觉。如果您在家里很粗暴，或者爱吹牛，或者酗酒，甚至更坏，您侮辱母亲，那么您就不必再考虑教育问题了：您已经在教育您的孩子们了，而且在教坏他们，任何最好的忠告和方法对您都是无济于事的。父母对自己的要求，父母对自己家庭的尊重，父母对自己的一举一动的检点——这就是首要的和最主要的教育方法！"

这样的示范，使我想到生养一个孩子，不但"母本"很重要（"母本"体现在遗传上），"范本"（父母的示范）同样重要。遗传决定的是人最大的限制在哪里，比如你学习游泳，同样年龄开始，同样的老师，同样的学习时间，最后结果肯定有差异，这个差异主要是天赋在起作用。而父母的范本，则是在给孩子进行一种影响到一生的启迪。潜移默化，有什么样的父母就有什么样的孩子。做事耐心的父母，孩子往往也比较有耐心；性情温和的父母，孩子的性情往往也会比较温和。父母对孩子的影响就像刻印一样，难以被改变。

日本儿童早期教育鼻祖木村久一说："孩子的心灵是一片神奇的土地，播上思想的种子，就能得到行为的收获；播上行为的种子，就能得到习惯的收获；播上习惯的种子，就能得到品德的收获；播上品德的种子，就能得到命运的收获。"[①]为了获得美好，父母必须播种美好，而非罪恶或悲剧。

比如在孩子 6 岁以前，应该让孩子接触"准确而完整"的语言，因为生命早期许多美好的印记将对孩子的未来产生重要影响，孩子的许多习惯、能力与知识都要尽量正确，建立必要的联结，这往往比后来的矫正陋习或错误更有效。在培养孩子的智商、情商的基础上，还应该重视孩子的逆境商，就人类"趋乐避苦"的原则看，后者常常使人们在战胜困难的同时获得更持久的成就感与幸福感。

父母性格开朗，热心与人交往，对孩子的豁达性格的养成往往大有帮助。

---

① ［日］木村久一：《早期教育与天才》，南京，江苏人民出版社，2009。

"我们的事业是做个好父母"

> 如果没有好的家庭条件，就需要有好的学校；
>
> 如果没有好的学校，就需要有好的老师；
>
> 如果没有好的老师，就需要父母特别地用心。

前文谈到了遗传问题，我还想接着再谈几句。

就遗传而言，相貌、性格、健康等方面可能更具有一种直观的"可见性"，智力问题，我觉得应该"存而不论"，就是你知道人的智力方面的天分是有很大不同的，但你不妨不要太在意它，因为你很难知道一个人的限度在哪里，也很难知道一个人所谓限度对你一生的发展到底是劣势还是优势。按照德国那位把低智儿童培养成德意志奇才的伟大父亲卡尔·威特的观点，人的天分是不断递减的，也就是早期开发非常重要，如果过了最佳时期，人的天赋就会越来越少，要培养人的才能也会越来越困难。所以，不妨把问题的角度转换一下，对一个孩子的发展也许根本不是智力问题，而是你能不能尽早地开发它、恰当地引导它——卡尔·威特说这样的工作应该从孩子出生的第一天开始，"如果是从第三天才开始，那么你就晚了两天"。可以说，要想把孩子培养成才，确实是一个家庭的事业核心之一，所有的收获，并不是由孩子的天赋决定的，而是由你的投入决定的。所有的成功都不可能是平白无故的，成功一定有它的理由。一位把自己智力平凡的女儿培养成清华大学高材生，后来孩子又到剑桥读博士的父亲告诉我，他和他的妻子都只读到高中毕业，"我们不可能在自己的工作上有什么作为，我们的事业就是做个好父母。我们也没有什么娱乐，我们的娱乐就是伴随孩子成长。"上一代的不足，也可能成为养育下一代的优势，当然，还得有父母的觉悟、有父母的坚持才行。他的观点，对很多家庭应该都是个启发。

家庭教育问题很多时候总是会变成一种对行动的反思，文学家、教育家叶圣陶也谈到过这个问题：

我们不论做什么事的时候，最希望的是环境的安静，没有一点纷扰。果真如我们的希望，所做的事情很顺当地达到成功的境界，那是再舒快没有的了，可是这种希望往往不能满足。安静的环境很难得持续，有时朋友来了，有时意外的事情发生了，有时自己的心情忽有所触，想到别的地方去了，于是事物中途停顿，不能径向成功的方向前进。虽不能说此后就无成功之望，而当时所受的意志的阻遏，后来所需的重行奋励，都是本来不必受、不必需的，归究到根，都是事情被中途打断的缘故。

家中有孩子的，这样情形更经常遇到，因为孩子就是打断大人做事的魔王。他们不肯安定，忽然叫起来了，使大人的听官感受不安。他们手不大肯宁息，拿起什么东西就弄，不管是有危险的或者有用处的，这就引起大人的爱惜惊恐等情绪。大人在那里写字，他们跳跃着玩耍，地板震动起来，连带了桌子。大人在那里结绒线，他们抢着线球便抛，弄得绒线满地，纠结不清。逢到这样的时候，大人总要受点儿影响，影响的结果，就是事情中途停顿。

　　事情中途停顿了，不能不有所反应，这是很自然的事。最普通的是怎样的一种反应呢？大人的手举起来了，面孔当然板着，在孩子的身上乱拍，拍着什么地方就是什么地方，直到那只手以为不必再拍了才止。孩子于是啼哭起来。有些大人认为这样不好，或者还没有养成这举手拍孩子的习惯，便换一种办法，提起喉咙便骂。讨厌！可恨！不懂道理！全没规矩！坏孩子！不成样的东西！种种粗暴的话轮流运用，用个痛快才歇。孩子于是吓得不敢响了，眼光像一头猫儿面前的老鼠，有时把头伏在臂膀上哭了。

　　这是最普通的反应。固然，容易不过的最快心意的办法要算这两种了。犹如旋开自来水的开关便有水流出来，这两种反应随机而发，真是再便当不过了。

　　但是我们得想一想，事情被中途打断确属可恨，而罪孽是不是应该归于孩子们？这就要想到孩子是有心还是无心，想到大人与孩子们见解有何差异等问题。有心捣乱，罪孽诚不可赦；无心作恶，又不十分厉害，就应该归入免究之列。并且作恶云云，也只从大人方面而言，孩子们何尝懂得什么恶！高声叫起来，他们只是一时的兴会，自己也不可遏止，何曾知道是大人们厌听的？手拿东西最是平常的事，前天如此，昨天如此，当然现在也如此，他们何曾想到会影响写字的桌子？见球就抛球，他们何曾想到会弄乱了绒线？这等事在他们看，正同吃饭睡觉一样正当，一样的平常，吃饭睡觉不招打骂，而现在忽要挨打挨骂，不是最奇怪的事吗？劈头劈脸地挨了一阵，却不知道为了什么。原来他们同大人站在见解完全不同的基础上。

　　孩子们身体的残伤，心志的摧戕，现在且不说；专从大人方面说，这种行径使孩子们像大人这样喜怒无常，不是个疯子，就是个不可了解的怪物，于是慢慢地和大人疏远起来。这种疏远要弥合是非常困难的，仿佛瓷器上有了一条裂缝，痕迹终于不能泯灭了。谁也不喜欢有这样一条裂缝，可是大部分的父母时时在那里砸，特意要造成这样一条裂缝！

　　一时的冲动过去了，大人也极容易悔恨起来：觉得刚才打重了，不知伤到孩子没有；觉得刚才骂重了，不知气到了孩子没有。再想孩子们的过错实在轻微得很，何必小题大做，演出一大套把戏来。于是仿佛有点儿看不起自己的手和口，甚至去抚摸孩子的被打的处所，逗孩子笑乐。孩子更觉得不可捉摸了，他们想，原来装凶扮善全是闹着玩的；彼此的疏远还是不可避免！

　　既悔于后，何如不做于前？悔与不悔等，何如绝了这引起恨恨的根源？这不是知识的问题，因为骂孩子、打孩子这等事为什么不对，是极容易明白的；即使不明白，基于父母的爱也就够了。所差的只在要悟于常时而不要悟于事后，要使这种觉悟不被感情冲动暂时蒙蔽，的确有一点儿修养上的关系。这里所谓的修养其实极浅，大人只要练成一种习惯：当觉得孩子们有什么动作近于扰乱时，不要便厌恶他们的扰乱而动起感情来；而从他们的动机着想，知道他们出于无心，更从他们的见解着想，而知他们决无可厌恨之理。至此，感情的冲动便遏抑住了，决不至于突然暴发。

　　可是，事情因此中途停顿总是个缺憾，甚至是不可弥补的缺憾。在人群中做事，这等缺憾多着呢。但是也非绝对不可弥补，大人能为孩子们妥善地设法，使他们有一个自己活动的世界，就不再闯入大人做事的世界里来了。大人和孩子们在一起，有空的时候才逗着孩子玩，不空的时候就把他们抛在一旁，甚至不许他们动一动，本不是个妥善的办法。

有人说，使孩子们有一个自己活动的世界，确是一句好听的话。但除了最少数人家以外，谁能做得到呢？我想，要做到虽然不能只靠经济为基础，而所以不能做到，却由于经济的原因。于是我要起其他的感慨了。

（摘自叶圣陶：《献给做父母的》）

年　　月　　日

第2篇

重建以孩子成长
为中心的家庭文化

最重要的是和孩子生活在一起

> 无论你到哪里谋生，无论你生活多艰辛，请一定带上你的孩子。孩子不在你身边，孩子就在更多的危险之中。养育孩子，比所有的专业知识更重要的是情感，每个父母在孩子身上最重要的投入就是陪伴。

在这一篇我要讲第二个问题。

前面我们谈了很多教育孩子的困难，那么我们有什么办法能够使教育孩子的工作做得更好吗？

我的观点是：教育孩子最重要的是父母要和孩子生活在一起。

无论你到哪里谋生，无论你生活多艰辛，请一定带上你的孩子。孩子不在你身边，孩子就在更多的危险之中。

法国有位思想家叫帕斯卡尔，他说人生有很多的麻烦都是因为你不能待在自己的屋子里造成的。在我看来，今天中国教育最大的麻烦，和帕斯卡尔这个观点很近似：第一就是父母不能跟孩子生活在一起，第二就是很多父母下班后不能就回到自己的家中。空间距离使孩子与父母之间的关系越来越疏远，父母要察觉到，不论生活多么奔波、多么辛苦，或者事业多么成功，最不能忽视的就是孩子的教育。但是，我们又容易滑向另一个极端，要么花钱把孩子送到所谓"贵族学校"进行封闭式的管教，要么以大人的强力意志要求孩子必须绝对服从，如果处理不妥当，这两者都极容易造成孩子的冷漠、叛逆与心性的扭曲。我们从来就没有走进孩子的心灵世界，遑论一些粗俗的外在要求能够使孩子屈就。实际上，养育孩子比所有的专业知识更重要的是情感，每个父母在孩子身上最重要的投入就是陪伴。

在格林童话里，有个国王问他的大臣能不能让他的女儿在他第二次看到她时就长大成人了，大臣说可以，然后就把孩子带到别的地方养，直到十几年以后再带回到国王面前。这是童话故事，生活中若有这样的事一定有大麻烦。

陪伴孩子，在孩子的早期教育上多花点心思，能够给孩子带来一生的幸福。1999 年 4 月 12 日，18 岁的成都女孩刘亦婷同时被包括哈佛大学在内的四所美国大学同时录取，并以全额奖学金的方式免交每年 3 万多美元的学习和生活费用，她到底具有什么魅力使四所美国名牌大学同时向其抛来橄榄枝？这背后倾注着其妈妈刘卫华的全部心血及其继父张欣武的宽博胸怀。据妈妈刘卫华说，她对女儿的教育主要受《早期教育与天才》的启发，在记录孩子成长的过程中采用分阶段的科学教育方式，逐渐取得了可喜的突破。刘亦婷刚出生时就多灾多难，因脐带绕颈差点窒息，因"油奶"而腹泻两个月，这些病魔痛苦地折磨着一家人。后来，刘妈妈以不离不弃的坚韧开始对女儿进行早期教育，从训练五官到词汇积累，从发展思维再到品格培养等，她忍受住巨大的压力，始终把孩子带在身边，即使因生活奔波而无法顾及孩子，她也不忘让亦婷的姥姥保持早教的一致性。就算是婷儿刚满两岁时父母离异，刘妈妈依然坚定地要把女儿培养成"素质优秀、人格健全和有能力创建幸福生活"的人。刘妈妈在进行智力开发的同时，更注重孩子"情商"（即非智力因素）的培养，继父也非常强调"让婷儿学会自己干"的战略原则，虽然父母倾情关注刘亦婷的成长，但实际上他们花在女儿身上的时间并不多。

　　和孩子生活在一起，既是情感不可或缺的需求，但更重要的是培养孩子的独立自主性和社会实践能力。刘亦婷的成功在于其父母采取了合理的早期教育策略，使孩子的情智在各个关键时期（0～18 岁）都得到了充分的挖掘与发展。①

---

　　① 刘卫华、张欣武：《哈佛女孩刘亦婷——素质培养纪实》，北京，作家出版社，2009。

▌母亲代表着安全

> 在童年，母亲的存在就代表着安全。年幼时的艰难分离会导致心灵的创伤，因为它侵犯了人与人之间最基本、最重要的联系——母子纽带。这纽带教我们要爱和如何爱。要是没有这种最早的爱恋的依附，我们就不能成为健全的人。

在童年，母亲的存在就代表着安全。一个孩子童年时所受的伤，并不来自于他生活的处境，甚至也不是来自于疾病，最可怕的伤都来自母亲。这样的伤害也是永久性的。

要修复童年时所受的伤害，往往漫长而又艰辛，最通俗而又深刻的比喻就是：它是心灵上的一道伤疤。

而童年时对孩子的忽视、缺乏关爱、对孩子的厌恶和过早地与孩子分离，都会造成终身的伤痕。人是很难养的，童年时"养不好"，后果一定很严重。

美国儿童研究专家朱迪思·维奥斯特认为：一个人"要能在形体上与心理上成为一个独立的个体，要能在外在形体上独立，要能从内心深处自我感觉独特。这都是非常困难的，在我们脱离母体的时候，我们必须忍受一些丧失，虽然这些丧失也许会用我们的获得做补偿。但如果母亲在我们年纪太小、尚未有所准备、恐慌无助的时候离开我们，这样的离去、痛失和分离的代价，也许过于沉重"。

　　年幼时的艰难分离会导致心灵的创伤，因为它侵犯了人与人之间最基本、最重要的联系——母子纽带。这纽带教我们要爱和如何爱。要是没有这种最早的爱恋的依附，我们就不能成为健全的人。临床医学研究也表明，在童年时缺乏母亲温暖，很少被母亲拥抱的孩子，一生都会对拥抱充满着饥渴，同时又对拥抱产生紧张与恐惧，在复杂的社会生活中，人际关系会成为很重大的、很难改善的困扰。

　　我认识的一位有严重自闭倾向的少年，终日把自己关在家里与电脑为伴，他的困扰就是童年烙下的。父母离异之后，他的母亲就是在街上看到他，也不与他相认、打招呼。作为一个母亲，这样的冷漠与狠心确实太可怕。蒙台梭利也强调过：

　　一个人，无论是身体还是心灵的病症，其缘由如果可以追溯到童年，那几乎是很难医治的。

▌全家一起吃饭，孩子更优秀

> 全家人一起吃晚餐，有助于小孩获得较好的营养，较高的学业成绩、较不会抽烟、喝酒、吸毒、打架、提早性行为。即使父母双方只有一人能赶上晚餐也会有上述效果。孩子的未来，往往在餐桌上和客厅里就已经决定了。

美国明尼苏达州大学的营养学家兹泰尼研究发现，79％的青少年都喜欢跟父母在一起吃饭，他们认为晚餐的时候全家人坐在一起吃饭比吃什么更为重要。很多研究表明，其实全家人一起吃晚餐，对孩子在很多方面都极为有帮助，有助于孩子获得较好的营养、较高的学业成绩；跟父母在一起吃饭的孩子，较不会抽烟、喝酒、吸毒、打架、提早性行为。哪怕父母双方只有一个人能够赶上晚餐，能够跟孩子在一起就餐，也同样能达到以上的效果。

切勿在就餐时训斥孩子，餐桌是共享食物、交流思想与见闻的佳所。融融的亲情也有助于孩子学会感恩和餐桌礼仪。

波兰著名的电影导演基耶斯洛夫斯基对自己童年的餐桌和童年的成长也有生动的描述：

人的一生很大程度上取决于童年吃早饭时拍你手的那个人，即你的父亲、你的祖母或你的曾祖父。还有你的家庭背景，这一点很重要。4岁时因你吃早饭时淘气而打你的那个人，后来会把第一本书放在你的床头柜上，或者在圣诞节时送给你，而这些书塑造了我们，它们教给我一些东西，使我对一些事情有些敏感。我所读的书，特别是那些童年读的书，塑造了今天的我。

整个童年，我的肺都不太好，一直有得肺结核的危险。当然，跟许多男孩一样，我也经常踢足球或骑自行车，但由于病情我花费了大量的时间坐在阳台上，盖着毯子呼吸新鲜空气。一开始，我不怎么识字，母亲就念给我听，随后，我就非常迅速地学会了识字。我甚至晚上在被子里头借助小手电或蜡烛的光看书，有时一下子读到天亮。

我居住的那个世界到处都是朋友，自行车随处跑，冬天用泡菜桶的厚木板制成的雪橇滑雪，这就是真实的世界。书的世界以及各种不同的冒险对我同样来说真实。只有一个卡缪和陀思妥耶夫斯基的世界的说法不符合实际，它们只是一部分，还有牛仔和印第安人的世界，有汤姆·索亚和那么多的英雄，不管是好文学还是坏文学，我都同样感兴趣。我不敢说我从陀思妥耶夫斯基或一些写牛仔冒险的三流作家中学到很多东西。我不知道。我不愿意作这样的区分。很长一段时间以来，我一直知道生活中的内容比在商场中能触摸到或买到的一些物质的东西多得多，准确地说，这是通过看书得到的。

我不是个长时间追忆梦境的人。一醒过来我就把它们忘了——如果做梦的话。但在童年时我和其他每个人一样做过梦——噩梦，梦中有人追我而我却逃不掉。我们都做过那样的梦。我还梦见飞过地球。我有过彩色的梦，有过黑白的梦。我能清楚地记得这些儿时的梦只是方式有点奇怪，我无法对它们进行描述，现在当我做类似的梦时——不管好坏，有时确实会做那些梦——我立刻就意识到那源于我的童年。

在中国，每天有 8% 的父母不和孩子说一句话

> 孩子童年时，父母要多陪伴在他身边，同他交流。在爱和信赖中长大的孩子，他的心更容易找到安全的归宿。

人生最重要的一刻是在童年的餐桌和客厅开始的。在我们中国的家庭中，对这些问题也同样重视吗？

在我的问卷调查中，中学生一天时间没有跟父母说过话的达到了 8% 左右，最高的达到了 18.9%；和父母一起用餐每周能够达到 7 次以上的不到一半；有烦恼能找父母交流的不到 15%。如下表：

学生父母的问卷调查

项　目	数　据
1. 你最近一次和孩子聊天是什么时候？	
□ 昨天	45.3
□ 两天前	26.5
□ 一周前	24.8
□ 记不起来了	3.4
2. 你最近一次为什么和孩子冲突？	
□ 学业成绩	37.5
□ 生活习惯	3.6
□ 花在网络、电玩上的时间过多	21.4
□ 态度不佳	1.6

续　表

项　　目	数　　据
□ 交友	6.8
□ 衣着打扮	1.5
□ 金钱花得太凶	4.6
□ 其他	13.4
□ 没有发生冲突	2.7
□ 不知道/拒答	6.9
3. 孩子上初中后, 你打过他(她)吗?	
□ 常常打	4.1
□ 有时打	20.8
□ 不太打	21.7
□ 从来不打	53.4
4. 你了解你的孩子吗?	
□ 非常了解	5.5
□ 了解	87.4
□ 不了解	5.4
□ 非常不了解	1.7
□ 不知道/拒答	0
5. 你一周能和孩子一起用餐几次?	
□ 七次以上	41.3
□ 七次	3
□ 五至七次	31.7
□ 一至四次	21.4
□ 没有	2.6

孩子在童年时, 你不和他生活在一起、不和他在一起用餐、不陪他说话, 随着孩子渐渐长大, 你可能就不知道怎么和孩子交流, 你也难以与孩

子交流，甚至你和他交流的姿态都会不太自然，这样的错失你可能根本就难以改善与弥补。最重要的原因就在于，人与人之间的互动是一种生命性的行为，你必须在孩子还在童年时就尊重他这样的需要，用心培植他这样的需要，肯定他这样的需要。人与人之间，包括家人之间一旦形成隔膜，你想改善它，麻烦不在于道理上有什么难以理解——交流是一种习惯，是一种文化方式，是一种生命的自然——而在于尤其是亲人之间，我们往往更会在意自己的内心感受，改善也会变得更为困难。比如，有些孩子一听到父亲的声音马上就失语，一些很想表达的、温暖的话语在父母面前就是表达不出来，即使能够勉强说出来，自己也觉得别扭。在我们中国家庭这样问题相当普遍。

在孩子 3 岁之前，我们陪伴越多，孩子成长之后的麻烦越少。因为在爱和信赖中长大的孩子，他的心更容易找到安全的归宿。

孩子，爸爸非常爱你

> 坚持每天至少告诉孩子一次，你真的很爱他，对孩子爱意越多，越有助于他喜爱自己、相信自己、改善自己。

　　我女儿上初中之后，学业非常辛苦，起早摸黑，我心里也很难过，很想和她说些温暖的话。有一天正好她妈妈也不在家，她也是像平时一样六点多就起床了，自己吃过早饭，准备上学，我还躺在床上。我听见她开门的声音，就把她叫住了。我说豆豆，你过来一下。女儿一脸茫然地走到我床铺跟前说，什么事情啊？我说爸爸非常爱你。女儿一下子愣住了。这本来是应该经常说的话呀，这本来就是亲人间每天要说的话呀，可是，因为疏于表达，我说完之后也觉得好像说出了让自己非常惊讶的一句话。其实爱是需要说出口的，爱需要表达，爱是需要不断去表达的，在温馨的家庭环境中爱的表达应当成为一种习惯，这就是家庭文化最核心的元素。我们看着孩子的眼睛，说出自己最想说、最应该经常说的话语，它能够直抵孩子的心灵，成为最美好的鼓励、最美好的慰藉、最重要的精神食粮。我深信对孩子真挚的，同时让他可以不断感受到的爱，一定能够帮助她更好地成长。

　　我们常常吝啬给孩子以真诚而温暖的爱语，反而以干瘪粗冷的言语命令孩子达到大人的要求，却不知这是得不偿失的。著名翻译家傅雷的长子傅聪是世界一流的钢琴演奏家，享誉海内外，被誉为"钢琴诗人"，他的成长离不开其父亲早期的发现与督教，还有后期的艺术指导。这些育儿思想与实践在其《傅雷家书》《〈傅雷家书〉手稿选粹》中得以充分体现。父亲开始让傅聪学美术，可后来没有发现儿子绘画的天赋，倒是意外地发觉儿子喜欢音乐，便让儿子改学钢琴。寻觅天赋与事业的最佳契合点实质上必须以"尊重孩子天性的自然发展"为前提，在激发孩子兴趣的同时给予适当的引导与支持。傅雷觉得，孩子2岁左右是感知、动作及语言发展的最佳时期，此时要给孩子提供多听、多看、多讲、多触摸的机会，让其积累丰富的感性经验，为理性能力的发展奠定基础。

父亲那一封封充满艺术灵气的"家书"无不给在海外进行艺术学习与实践的儿子以鼓舞、以力量。虽然没有耳提面命，但那些温存的语言及对艺术的虔敬却产生了不可估计的教育效果，这是傅聪的幸运，因为他有一个懂得孩童心理的父亲。

只要出自真诚，对孩子的表扬与鼓励越多越好。

当孩子往前走，他回头时最渴望看到的是鼓励的眼睛。

一个拥抱胜过千言万语

> 只有爱与尊重，才能使孩子终身保持对父母生命性的眷念。

同样是一位上了初中的孩子，他的母亲是一所小学的校长，有一天她找到我，说是和孩子已经一个月没说话了。冲突的原因其实很简单，父母和孩子太少在一起，就会对他特别担忧，而这种担忧往往不是落在孩子的行为习惯上，就是落在学业成绩上，一说话就是批评，而青春期的孩子本来情绪就躁动不安，特别叛逆，他一听你的话就生气，孩子根本不考虑你说得对不对，就是觉得你说得对，也对你那个批评的姿态很反感，你那个语调一出来他就想和你对着干，所以你一说话，他就说"你不要说，我知道了"。你要是还接着说，他就说"我就这样，你要怎么样"。这个时候没办法的往往是父母，我们中国的父母，到了孩子上初中，几乎没有不和孩子冲突的，几乎没有不痛苦的。这位小学校长也是这样，她自己是个名师，却教育不好自己的孩子，更是沮丧。她找到我，其实我也知道教育孩子绝没有什么马上能见效的对策，所有的改善都是细水长流。不过那天，我还是教了这个校长一个办法，我说你回家试试看。到了晚上，这位校长给我打来电话，说张老师你教我的那一招太有效了。各位朋友，你知道我教校长那一招是什么吗？

她回去之后，孩子给她开门，门一打开她就扑上去把孩子紧紧抱在怀里，对孩子说，"傻孩子你怎么不理解妈妈的心啊!"说完妈妈哭了，孩子也哭了，两个人抱头痛哭，所有的怨言、怨恨，所有的敌意、隔膜都消解了，太有效了。有时候千言万语真的抵不上一个深情的拥抱。而这样深情的拥抱不是一年只抱一次，不是一个月只抱一次，而是应该每天都拥抱一次。孩子越小，我们越要经常拥抱他，同时把这样的拥抱坚持下去，每天无论多忙，都应该对孩子说一些柔软、甜蜜的话语，每一天都注视着孩子的眼睛倾听他、欣赏他，也让孩子分享你内心的情感。

在一个温和、充满善意的家庭中成长起来的孩子，性格不会出现大问题。 孩子性格与品行出现问题，责任一定在父母身上。

▎爱抚就是治疗与帮助

> 　　今天家庭教育中情感的欠缺，很有可能就是明日家庭灾难、社会危机的因由。

　　这是一个简单的问题，有一天当我突然意识到时，好像开启了对一个世界的理解力。

　　快乐的首要来源是嗅觉、触觉和听觉。从一出生，婴儿就能够识别父母的声音，并且会更加喜欢自己父母的声音。对婴儿来说，被满怀慈爱地抱着，便是对他们发展最好的刺激，甚至比哺乳的效果还要好。圣母玛利亚怀抱婴儿的肖像，已经成为人类文化中的一个图标，这其实绝对不是出于偶然。躺在母亲或父亲安全温暖的怀抱里，婴儿的肌肉可以放松，呼吸可以加深。另外，父母温柔地轻拍和轻轻地摇晃，可以驱除婴儿的紧张。研究者发现，婴儿和母亲的心率是同步的，如果母亲的情绪处于放松和稳定的状态，婴儿也会如此。通过触摸和安抚，母亲的自主神经系统可以有效地和婴儿的神经系统进行交流。当我们的身体被拥抱时，我们知道有其他人在支持自己。在阿什利·蒙塔古（Ashley Montague）的电影《触摸》（*Touching*）中，有一个场面形象地传达了触摸的效果：在精神病院中，有一个烦躁不安、情绪狂癫的病人，在同一个精神病医师见面，当精神病医师伸出手来，握住精神病人的手，以此传达他对对方的关注时，这位精神病人似乎突然安静下来，把更多的注意力集中到精神病医师的脸上，并同他交流起来。这种由接触而带来的深层次满足，依然是成年人生活中的一部分，如当某人痛失亲人时，我们会给对方一个拥抱以示安慰，伴侣之间通过性接触进行沟通，以及人们通过按摩来释放日常生活中的压力。①

我深信这样的情感生活比任何养育儿女的经验与生活都重要。我们必须正视中国家庭生活中情感的欠缺，目前最需要我们注意的是，家庭教育面临的最大问题，是农村大量的留守儿童交给爷爷奶奶、交给亲戚、交给熟人来抚养，孩子不能和父母生活在一起。而在城市里，很多的父母出于各种原因，下班后不能及时回到家中，回到孩子身边。今天儿童教育的缺失就会变成明天家庭的灾难，变成社会所面临的最为严峻的问题。

"成功人士"，要特别警惕自己对孩子成长的忽视与盲目自信；身处"底层"的父母，一定要避免在孩子面前唉声叹气，灰心失望。

---

① ［英]S. 格哈特著，王燕译：《母爱的力量——母爱如何塑造和促进婴儿的大脑发育》，上海，华东师范大学出版社，2008。

无论去哪里谋生，你一定要带上孩子

> 要把带上孩子去打工变成我们生活的信念，变成我们生活的勇气和责任，再困难也要和孩子生活在一起。

我经常对一些外出谋生的朋友说，当你外出时，无论具体的生活有多大的困难，你一定要把孩子带上。这一定非常困难，这样的困难肯定超出我的想象，但是你先别急着说我站着说话不腰疼，因为对任何家庭而言，孩子都是我们一生最大的财富，最大的抱负，最大的希望所在，也只有通过教育，才能实现"阶层流动"，**要改变孩子的未来，教育一定是最主要的途径**。我见到太多被孤独、无助、疏于管教、缺少疼爱毁掉的孩子，当我们历尽艰辛回到故乡时，如果我们看到的是这样被毁掉的孩子，我们是没有任何地方可以讨回公道的，很多时候，当我们想补救时一切也都已太晚了。要把带上孩子去打工变成我们生活的信念，变成我们生活的勇气和责任，再困难也要和孩子生活在一起，这可能是对我们社会生活在最底层的父母一个最大的挑战，但是，我们只能去承受。

任何一个社会，最大的不公，往往突出地体现在怎样对待各个阶层的下一代上。我们等待社会的变革，这是一条很遥远的路，与其生活在失望与惶恐中，不如现在就去改善，改善多少都是改善。而如果不去承受，我们很可能要面临后半生巨大的痛苦与悔恨。现在先请大家听听"留守儿童"的心声吧。

孩子的信，让人心碎

> 艾瑞克·佛罗姆说：在性爱中，两个分开的人结合为一体。在母爱中，曾为一体的两个人被分开了。母亲不仅需要容忍，她还必须希望和支持孩子同她分离。
>
> 母亲以爱和具体的帮助，使孩子顺利与自己分离。

在我所调查的学校中，有些学校整个班级都是留守儿童，这些孩子在他们还是幼儿的时候，就被父母"扔"给了爷爷奶奶或者外公外婆，他们的爸爸妈妈生活在电话另一头的世界中。在这样的班级，《世上只有妈妈好》这样的歌曲是不能唱的，一唱全班就要哭成一片。让我们听听孩子们的心声——

妈妈，我已经记不清你的面容了，可是，我并不感到悲哀。我小时候，你天天和爸爸吵架，我只好去躲到厕所里，只有那里，虽然阴暗却可以抵抗外面可怕的阳光。现在你又走了，我被寄养在外婆家里，可是，我真高兴，终于可以过安宁的生活了。

妈妈，你离开我到外面打工那天，我强忍着没让自己哭出来。可是你知道吗，你走后我躲在被子里哭了整整一个下午，把嗓子都哭哑了，把眼睛都哭肿了。

妈妈，这个对别人来说已经熟悉得不能再熟悉的字眼儿，可它却不知几时才能又从我的喉咙里蹦出来呢？

　　那年，我才八个多月，妈妈你就抛下我，和爸爸一起去了外地打工。在我的记忆中，每年就只能见到你一次。现在，我已经读中学了，和你在一起也不过十几次。

　　不喜欢下雨天，因为那时别的孩子会有爸妈接送。看着他们幸福的样子，我的嫉妒之心和羡慕之意就涌现了出来。爸爸妈妈，你们回来吧！回来看看你们的女儿吧！

　　爸爸，你知道我有多久没有跟您在一起谈心事了？大概也有好几个月了吧！自从暑假我从广东回来就再也没有跟你说过话了。我多想听听你那温和的声音呀！我还不到一岁时，你们就把我扔给了爷爷奶奶，我知道你出去打工也是为了攒些钱来维持生活，可是，我的童年和少年，难道就只能在无父爱无母爱的环境中度过吗？

　　什么是最好的教育？最好的教育就是和孩子生活在一起，让孩子远离孤独、无助与恐惧，看着孩子长大也是我们最大的幸福。

　　把孩子交给祖父母抚养的麻烦在于，祖父母对孙子的喜爱往往超过了对自己儿子的喜爱，同时祖父母总是倾向于认为自己比孙子的父母更聪明、更有经验，只有他们才能够使孩子有一个更好的未来。祖父母在家庭中往往延续着对儿子所有的权利，于是真正的父亲反倒成了配角，母亲则成了吃力却难以尽责的人。为贪图生活的轻松、舒适而将孩子交给祖父母或保姆的家长，其实是在与未来做一场豪赌。

　　前不久我在福州一所小学做了个外来工子女家庭教育的问卷调查，很多父母都谈到"孩子和父母亲生活在一起才算一个完整的家"，"有再大的困难我们也要去克服，因为孩子如果教育不好，等于什么希望都没有了"，

"把孩子带到身边是我做得最对的一件事情"；有的还谈到，"没有爷爷奶奶不当的干涉，孩子的成长反而更好一些"。其实，也只有你和孩子生活在一起，你的艰辛和对家庭的责任感才能成为教育孩子的一种优质资源。孩子可以很直观地看到生活的不易，看到父母的付出，这一切都有助于孩子责任意识的培养，也有助于培养孩子的感恩之心，同时能够激发他内在的改变自己的愿望。教育说到最后，就是改善遗传，改进文化。遗传很多方面是不能改变的，但可以改善它，教育最重要的是改进文化，我认为在家庭之中最核心的文化就是一家人生活在一起，父母陪伴着孩子成长，在有爱、有鼓励、有帮助的地方，即使生活很艰辛，生命照样可以很健全、很健康。

上面我说的是我所理解的家庭文化，这样的爱很辛酸、很不容易，也很不幸。有时我会很难过地想，我们的世界怎么了，就是想爱自己的孩子都这么不寻常，爱就是一种勇气。那些在艰难的谋生路上把孩子带到身边的父母，他们也在为中国更好的未来做着卓越的努力啊，即使他们不为人知，得不到援助，并常常陷入我们难以想象的绝望的境地！在心中我对他们怀着无限的敬意和祝福，也愿有更多的父母能够坚守自己的责任，再艰难对自己的孩子也能不离不弃。

下班的路应该是回家的路

> 下班的路，是回家的路。花更多的时间和孩子在一起比什么
> 都重要。人生的很多麻烦都是因为没有生活在自己家里造成的。

　　下面我还要接着谈到城市里白领和各个阶层的父母。我的观点仍然直接而又简单：下班的路应该是回家的路！我们今天最需要的就是树立一个以家庭为核心的生活理念，我们的休闲方式、人际交往方式，确实是出现了重大的偏差。

　　我们下班之后，很多车辆不是开向回家的路，而是朝着城市各处的餐馆和各种休闲场所。我们很多最重要的时间，不是和家人在一起，不是和孩子在一起。其实和孩子在一起本身就是最好的教育，孩子的成长哪里是得益于你有空时和他讲的那些大道理，他成长的好坏和你与他讲的那些大道理没什么关系，也不是因为你给他买了什么礼物，你拥有多少财富，而是在每天的生活中，你自然而然地在他身边所作的示范，你怎么细致地理解他，你怎么耐心地陪伴他，你用什么样的眼神看待他，你用什么样的语气和他说话。一个孩子的成长应该有很多的秘密，我们也用不着非要破解这些秘密不可，也许这些秘密就藏在我们和孩子相处的过程中。

　　说起相处的典型，我不禁想到了著名女作家池莉对女儿亦池的关怀与

帮助。她女儿出生时出现不少险情——分娩了一昼夜无法出世，脐带绕颈三圈，胎心微弱，后来紧急地做了剖腹产。在抚育女儿的过程中，池莉始终没有请人帮忙，而她既要当编辑又要搞业余写作，这多重的压力让她思考良多。她在生活中让女儿尽情跟小朋友相处与玩耍，让女儿在开放的状态中接受自然启蒙，让孩子在听讲故事与阅读中快乐地成长。在一个特殊的教育环境里，妈妈与女儿一起感受着成长的艰难，不管是幼儿园，还是小学，抑或是升入中学，都必须经过层层非正常关卡，一张张无形之网无不把人牢牢困住。不管别人如何评价池莉对女儿的快乐教育，不管外界压力多大，妈妈始终让女儿在玩耍中学习，体验创造的快乐。面对竞争白热化的教育现状，我们如何当父母？池莉的做法给我们提供了一种答案。她并没有强迫孩子去参加各种辅导班，参与各种扭曲孩子心性的活动，她只是让孩子拥有健康的心态、善良的本性与乐观的处世态度。

就算婚姻出现问题，为了给孩子提供温和的成长环境，池莉依然瞒着女儿一切。女儿依靠自己的实力考入全国重点中学，后又产生了到英国留学的念头，经过一波三折的奋争，亦池终于在英国完成了高中课程并顺利被包括 UCL 在内的三所英国名牌大学录取。在变幻莫测的社会环境中把女儿教育成一个有教养、身心健康、人格独立的人，这是命运对妈妈的恩赐。女儿未来的生活怎样，已不是妈妈能预见的，但妈妈永远感谢女儿给了她"另一种生活"。这是一个感人至深的故事。①

---

① 池莉：《来吧孩子》，北京，作家出版社，2008。

我们非要知道这个孩子今后会成为谁吗？我们能够知道这个孩子今后会成为谁吗？我倒是愿意相信，只要你和孩子在一起，教育就成功一半了。

父母没什么问题，大概这个孩子也不太容易出大问题。

父母走正道，孩子的路一定也会走得更正一些。

没有被忽视、受冷落的孩子，不是说他不会有问题，而是他遇到的问题总是能够得到父母及时的帮助。

无论你受过什么样的教育，你都可以把孩子培养得远比自己优秀，只要你有信念、有耐心、能够坚持。

为什么酒店里没有家庭客房

> 带上你的孩子去旅行，创造更多的家庭时间。家庭时间就是孩子时间，努力给孩子更健康的生活和更美好的未来。

我时常迷惑不解，就是我们中国的父母为什么特别没耐心陪孩子，比如到国外旅行，酒店里都有家庭客房，房间里一定有孩子的床位，而在我们中国的酒店一般没有，这说明国外的父母带孩子旅行是常态，在我们这里不是。我办公室对面是一家五星级酒店，经常可以看到外国朋友带着抱在怀里的孩子旅行，在中国这种情况则更为少见。我们很多年轻的夫妻旅行时首先想的是要把孩子放在爷爷奶奶那里，他们常说的就是"带着孩子出门多麻烦啊"。我不知道造成这种现象的根本原因是什么，也许原因也是多方面的，但我认为我们生孩子普遍偏早，也是一个原因。太早生孩子，作为父母自己心智还不完全成熟，还处于青春期的尾巴，对孩子的到来内心缺乏强烈的期待，心理上也缺少应有的准备，无论遇到什么情况，很难也很少有"孩子第一"的思想。前文我讲到晚上时间应该是家庭时间，周末和节假日也应该是家庭时间，家庭时间首先就是孩子时间，陪孩子就是给孩子更健康的生活，给孩子更好的未来。那么，家庭旅游时带上未成年的孩子，也应该成为一件自然而然的事情。但是我们有多少父母能够做到这些呢？我深信做得好的，孩子也一定能够成长更好。

我们去思考如何做一个好父母时，首先要思考如何做一个及格的父母。及格的父母，最重要的是要做到以下三点：第一就是，能够跟孩子生活在一起；第二，面对孩子成长中的各种问题，首先想到的是自己去承担自己去解决；第三，就是无论生活在什么样的状态中，都努力做到在孩子面前，不急不躁、不失控、不乱发脾气。家庭教育的重点是家庭生活，它最重要的品质是精神性的，作为父母如果不和孩子生活在一起，不承担孩子成长的基本责任，还谈什么教育呢？好的教育本身就是好的生活形态，这可以说是人成长的常识，若是违背它，自然就难以有什么好的收效。为人父母不必担心做得不够好，不懂得教育，你把你应该做的事都做了，所谓的教育也就完成一半了。同时，我们可能还需要保持对孩子成长的警觉，很多影响不是马上能见识到的，不要低估了我们作为父母的意义，也不要忽视了孩子始终都在成长中这一事实，父母过长时间不在场，过于频繁的与孩子分离其实都是一件非常有风险的事情，保持充满安全感的成长环境，对孩子而言，真是最为重要了。

▌增加美好的聚会，减少无聊的应酬

> 无论你多艰难、多忙碌都应该和孩子生活在一起，和孩子生活在一起是天职，也是美德；下班的路就是回家的路，只要你和孩子在一起，你就会少犯很多错误；你对孩子的爱越多，你的烦恼可能就会越少。

在家庭教育中还有一个误区，就是你不要认为你上了什么学校，你就一定有什么样的文化。学历与文化还不完全是一回事。有些人有很高的学历，但是他没文化；有一些人受的教育不一定多，但他有很好的文化理念。**从做父母的角度来看，陪伴孩子、关心孩子、努力为孩子的成长创造更好的条件，就是最好的文化。** 也可以说孩子的成长本来就是风险很大的一件事，没有任何人能代替你的教育责任，孩子的成长也不会在你不在场时暂时停下来。只有父母回到家庭，"看着"孩子成长，我们心里才会有更多的主意、主见，我们才像是第一责任人。所以我重申的是，夜晚的时间应该是家庭的时间，周末的时间应该是家人的时间，和孩子在一起，你也会有更健康的生活方式。增加美好的聚会，减少无聊的应酬，一定也更有利于孩子的成长。

美国有位很著名的商界人士，51岁时得了癌症，时日无多，他开始对自己的生活做一次反省。他发现自己是个工作狂，为了拿到一个工作合同，他愿意从美国飞到澳大利亚的悉尼，再陪同商业伙伴从悉尼飞到堪培拉，然后再从堪培拉飞回美国，连续飞行 40 多个小时。他把自己这么多年交往的人做了个统计，发现在交往的 2000 多人中，可以分成三个圈，最外圈是商业上的合作伙伴，中间一圈是亲友，最里面一圈是家人。这么分完之后，他非常感慨，他说他几乎把所有的时间都放在最外围一圈了，给予家庭的时间是最少的，而真正决定人生质量的都是最里面的这一圈。通常我们总以为我们投入工作、投入应酬的时间越多，越能够提高家庭的经济状况，越能给家人带来幸福，现在我们也都要反省一下，真的是这样吗？当应酬成为习惯时，我们还有多少时间陪伴孩子、陪伴家人？可以毫不夸张地说，我们失去的很可能就是孩子的未来。

如果要把以上的内容做个归纳，就是无论你多艰难、多忙碌都应该和孩子生活在一起，和孩子生活在一起是天职，也是美德；下班的路就是回家的路，只要你和孩子在一起，你就会少犯很多错误；你对孩子的爱越多，你的烦恼可能就会越少。

一个人最难改变的就是自己的生活方式，人活在自己的习惯之中。

一个人最难改变的就是自己的认知方式，人活在自己的理解之中。

对孩子的教育就是从责任开始，从反省出发，在改变中去承担责任，在反省中去获得新的智慧。

年　　　月　　　日

第3篇

用健康的方式
培养"正常人"

抓住关键期，赢在起始处

> 好父母就是"既有知又无知"的人。
>
> 知道的是：只要用心于孩子的成长，孩子就能得到更好的成长。
>
> "无知的"是：不把孩子某些局限、不足、落后看得太严重，也不为孩子的"笨拙"太揪心，与其抱怨、抱憾，不如相信天道酬勤。

我讲的第三点是，成全任何一个孩子的发展都要"抓住关键期，赢在起始处"。

人的生命中存在着无限的神秘性、无限的不可知性，对所有的生命我们都应该保持谦卑、敬畏和谨慎。今天所有对人生命的研究并没有使我们有把握说"我洞悉了一个生命"，也没有任何人有勇气说"我找到了生儿育女的秘诀"，你翻开所有儿童教育专家的著作，你能够看到的都是根据有限的临床经验和生活经验得到的"似是而非"和"似非而是"的结论。任何一个伟大的儿童教育专家都是对儿童耐心的观察者、陪伴者和对话者，他所希望的都是父母们能够用心、减少粗暴和忽视，他都希望自己的研究能给予你启示和借鉴，因为任何一个人都没办法站在自己的立场上替别人说话、做判断、做决定，所有的儿童既是"唯一的一个人"，又是有着极大差异的人。**教育儿童，做个"新父母"，其实也就是回到一个学习者的立场上来。**

奥地利著名动物学家劳伦兹在一次实验中发现，小鸭子在刚刚出生时有一个本能的认母期，它从壳里出生后第一眼看到谁，便认谁为妈妈。但是，若在两周内不让它看到任何活动的物体，它就永远失去了认母能力。无独有偶，两位美国科学家共同做了一个猫的实验，他们把刚出生的小猫的一只眼睛缝起来，几天后拆线，惊异地发现被缝的那只眼基本丧失了视物能力，而那只未被缝的眼睛则视力正常。这两者无不证明：人类和其他动物存在着成长的关键期。有意思的是，这两个研究均使其发现者获得了诺贝尔奖。

中国十大杰出母亲、"全息全感幼儿英语教学法"的发现者杨文教授，她在培育儿子夏杨及教学实践中总是能够抓住关键期进行有针对性的教育。在儿子出生前后，她自学了四五十本幼儿教育书籍，她认为0～6岁是孩子感官发育与语言开发的最佳时期，只要有机会，她就会在顺应孩子天性的同时引导其认识事物，让儿子在生活中学会思考。美国著名哲学家、教育家约翰·杜威的"从生活中学习，从经验中学习"已成了她的育儿理念。在物质紧张的年代，她自制教具，让幼儿直观形象地学习英语。身为父母，应该多为孩子提供真实的生活图景，让孩子"去活动、去冲突、去体验、去做人、去实践"，为了实现这一教育目的，她有时也会采用计谋"暗示"孩子力争上游去实现人生的价值。儿子高中毕业后幸运地考入英国剑桥大学的三一学院，在那里攻读生物类自然科学；大学毕业时，被剑桥大学世界级生物实验室录取为博士生，同时又被美国某著名跨国投资银行香港亚太地区总部以百万年薪录用。

后来，他选择了继续深造，在科学的道路上渐行渐远。这一切，皆得益于夏杨有一对善于学习的父母，他们为孩子的成长提供了最好的示范。[1]

---

① 杨文：《和儿子一起成长1》，北京，北京师范大学出版社，2013。

▌"三岁看大，七岁看老"说错了吗

> 珍惜生命、热爱生命、保护生命的教育比什么都重要。
>
> 活着就是幸福、活着就是希望的信念比什么都重要。

我们中国人说"三岁看大，七岁看老"，这是对的，但是它所揭示的并不是一个孩子长大之后一定会成为"什么样"的人，我们把这句话的落脚点落在了很糟糕的地方，比如看这个孩子有没有官相、财相、福相等非常世俗的诉求上，反而忘了它的本意和真诚的提醒。这句话的本意并不只是对未来的预测，而且强调了早期教育的重要性，以及早期教育深远的影响。早期教育没有尽到责任，它可能铸成的就是一生的大错；早期教育尽到责任了，我们就可以从一个孩子的童年看到他一生大致的轮廓。苏联教育家马卡连柯也说过大体相同的话，他也认为孩子在 5 岁之前，你把他教育好了，以后的成长就是顺水推舟，水到渠成；如果这个阶段的教育出了重大差错，那就麻烦了，你对孩子所费的工夫就如逆水行舟，非常困难，有时甚至毫无成效，很多父母就是因为不知怎么对待已经变坏的孩子而性情大变，生活在狂躁、失望、沮丧和束手无策之中的。

教育中最遗憾的事情大概莫过于"早知如此，悔不该当初"，可惜人生根本不能推倒重来，像文学家蒙田说的那样，"万物都有自己的季节"，你错过了这个季节，就很难补救与改善了。

　　如果错过了孩子的早期教育，根据潜能递减规律，孩子的内在能力被挖掘的可能性就会越来越小。 印度狼孩的故事足以证明：这两个女孩被发现时，一个 2 岁左右，一个不足 7 岁。她们被抚养了 9 年，在开始的几年里，她们俩一直不能剔除掉身上那些狼的生活习惯，前者在人类社会中仅活了一年，后者活了近十年——她却只学会了 45 个单词，各方面能力都远远不能达到一个孩童智力的最低水准。

　　父母若不能为孩子提供正确的"言传"，就要在"身教"上给孩子以榜样示范。 若连最起码的示范还无法提供，则孩子的早期教育将是一件无比困难的事情。

孩子"敏感期"有什么特点

再忙也不要错过孩子成长中重要的第一次。你越重视孩子，他越会在意你对他的鼓励。

意大利著名儿童教育家蒙台梭利认为，对儿童成长最为重要的是"0～3 岁"，这是生命中最神奇、最神秘的阶段，人通过"本能工作"，人通过"本能构造了自己"，正是这样的生命的"主导本能"，使儿童身上深不可测的秘密逐渐展现出来。

蒙台梭利把敏感期分为：

秩序的敏感期。幼儿对秩序的敏感在出生后的第一个月里就可以感觉到并一直持续到第二年。蒙台梭利曾亲自碰到这样一个例子：一位母亲抱着一个一岁半的孩子，因为热，母亲脱掉了外套，把它搭在手臂上。这时孩子哭了起来，而且越哭越凶，无法使他安静下来。但是，当蒙台梭利要他母亲重新穿上外套后，这个孩子停止了哭喊，并笑着向他的母亲伸出了手臂。因此，蒙台梭利说："秩序是生命的一种需要，当它得到满足时，就产生了真正的快乐。"反之，"就可能成为他发展的一个障碍，成为变态的一个原因"。

细节的敏感期。幼儿在 1～2 岁时会表现出对细节的敏感，他们的注意力往往集中在细枝末节上。蒙台梭利举了一个例子：一个约 15 个月的小女孩坐在花园里的砖块上，她不看艳丽的鲜花，却全神贯注地盯着地上，原来她在看一只颜色跟砖块一样、小得几乎看不见的昆虫，她显得十分快乐。蒙台梭利认为，"儿童的心理个性跟我们成人是截然不同的，这是一种性质上的差异，而不仅仅是程度上的差异。"

行走的敏感期。这是在幼儿的发展中最容易观察到的一个敏感期。幼儿的第一步通常标志他从 1 岁进入 2 岁。蒙台梭利强调说："学会走路对儿童来说是第二次降生，他从一个不能自助的人变成一个主动的人。这番努力的成功是儿童正常发展的主要标志之一。"

手的敏感期。幼儿会朝着外界的物体伸出小手，这个举动的最初推力代表了幼儿自我要努力进入外部世界之中。大约在一岁半至三岁之间，幼儿经常抓住物体，特别喜欢把东西打开，随后又把它关上。正是通过手的活动，幼儿才能发展自我、发展自己的心灵。蒙台梭利说："人的手如此精细和复杂，它不仅使心灵能展现出来，并且它使整个人跟他的环境建立特殊的关系。我们甚至可以说人'是靠了手占有环境的'。"

语言的敏感期。幼儿开始是牙牙学语，然后说单词，接着将两个单词组成句子，再就是模仿更复杂的句子。这些阶段是以连续的方式出现的，不会截然分开。在蒙台梭利看来，语言能力的获得和运用，是幼儿智力发展的外部表现之一。

给孩子无限耐心的爱

> 面对孩子成长的诸多困惑，父母要给自己的孩子一种"无限耐心的爱"，要尽最大的努力、花更多的时间和孩子在一起，使他获得尽可能多的温暖、安全、宁静。

那么对父母而言，在孩子发展的"神奇阶段"，应该做什么呢？

首先最重要的就是在这个阶段，父母要给自己的孩子一种"无限耐心的爱"，这是一种无条件的责任，父母就是要尽最大的努力、花更多的时间和孩子在一起，使他获得尽可能多的温暖、安全、宁静。人的成长都源于本能，它既是一种生物性的，又是一种"文化性"的成长，这样的成长也不可能仅仅靠食物就能发生。老鼠单独关在那里，长大了还是老鼠，人就不同，人非要伙伴、爱抚不可。**越孤单的孩子眼神越迷茫、黯淡，童年的孤独会影响到他的一生。** 这一点蒙台梭利说得特别有趣，我读到这段文字时颇为惊讶，她所说的情形，我在乡村生活时并不陌生。

在劳累的哺乳阶段，哺乳动物受到体贴照料后代的本能的支配。一只普通的家猫提供给我们这种关心的例子：它把新生的小猫藏在黑暗的地方。它尽心留意它的后代，甚至不让它们被别人看到。但隔了一段时间后，当它们变成美丽和富有活力的小猫时，就让它们出来了。

在这段时间里，母亲是她儿女的奶妈和帮手，把它们藏在一个安静的隐蔽的地方，避免光线和噪声打扰它们。虽然这些幼崽通常天生就有发展得很充分的各种能力，能够站立和行走，但它们的母亲精心照管，把它们与群体分开，直到它们获得更大的力量，能够使它们自己适应新的环境。到那时，她才把它们带到群体的成员中去，于是，它们就能生活在跟他们有亲属关系的一个群体里。

同样可以说，人除了应对新生儿的身体健康给予精心的照料之外，也应该注意儿童的心理需要。

爱是什么？爱就是保护，爱就是对你两岁之前的孩子像动物一样用自己最母性、最父性的本能去疼爱。在前面我也说到，这个时候我们应该放下自己所有娱乐、休闲和其他的琐务，把疼爱、照顾孩子当作最大的事情。其实，你若把爱的教育贯穿在孩子成长的整个过程中，其实是无须花费太多时间的。

比如孩子在很小的时候对生命的起源感兴趣，父母若能适时对其进行身体——性教育，我们又为何会"谈性色变"，或者使孩子的成长走那么多危险的弯路呢？这方面的教育是面对生命奥秘时不可或缺的重要话题，极具挑战性。下面是我的朋友水谷龙生老师所提供的案例，这是他的学生在面对青春期成长困惑时写给他的一封信：

性成长的独白

前记：在我们传统的意识中，性往往和道德联系在一起，成为文化上的禁忌，严重到谈性色变。实际上，理性地看待这个问题，性知识也是知识的一部分，对性知识的好奇无非是一种求知的欲望在起作用，是正常的心理需求，这不会影响正常的性心理发展，也不会影响成长而造成不必要的道德羞耻感。心理上的自闭和自卑感，对个体心理发展造成了负面影响，我觉得这对当代中学生来说是至关重要的，有必要跟他（她）们交流一下对这个问题的看法。

当一个男孩有第一次自慰行为的时候，表明他已进入青春期，并逐渐走向成熟，在成熟的道路上，自慰将伴随着几乎每个青春期的男孩在烦躁、苦闷、激动、好奇、向上、自责的不同心态下长大，自慰也曾经左右过我的青春岁月，我也曾用自慰化解过青春的骚动。后来，随着年龄的增长和性知识的了解，我成功地走过青春的危险地带，走出青春的不安，也成功地摆脱了因自慰而影响我身心健康的困境。

在上初二的时候，正处于青春萌动期的我，开始对异性产生兴趣，特别留意同班几位漂亮的女孩子，后来还暗恋上其中一位既漂亮又成绩优秀的女孩子。我常常有冲上去拥抱她、吻她的冲动，可是我最终都没有这样做，在多年的学校教育和父母的教诲下，我逐渐认识到这是不道德的流氓行为。有时，我会骂自己不好好地读书，整天尽想无聊的风流事，真对不起在田间日夜辛苦劳作的父母，常泛起一种深深的负罪感，可是，我还是忍不住地去接近她，总是到处找机会和她谈话。她身上所焕发出来的那种夺目的光彩和独具魅力的青春气质深深地吸引着我，我真的难以自制。对女性神秘体形很着迷的我，竟然偷偷地看了几次黄片，我也忍不住地从模仿行为中获得了一种快感，我不知怎样形容第一次自慰行为所产生的感觉，而这种行为使我的思想发生悄然变化。我曾经不太喜欢女同学，尤其是那些漂亮的女同学更令我反感，我觉得她们骚，是狐狸精，但自从发现快感后，我的想法就不同啦，我会偷偷地欣赏那些漂亮女孩的面庞和身材，一到天黑，躺在床上，我就放纵思想的野马，在黑暗中回味白天的收获。随着想象力的增加，自慰次数也逐渐增加，一觉醒来，总会发现内裤湿湿的，每次看完色情小说的我都会拼命地责骂自己怎么会有这样无聊、愚蠢的行为，每次自慰后我又很害怕，憎恨那些污浊的画面与情节，但同时又渴望翻阅其中的情节。我经常处在矛盾中，思想逐渐不活跃，曾经活泼开朗的我逐渐变得沉默，心乱如麻，常在自责中难受地生活着。

这时候的我频繁地自慰，有时，一天竟达到两次。我必须了解有关的性知识，才能消除我心中的疑虑。经过查找有关的知识，我才知道，自古青年就有"窈窕淑女，君子好逑"和"求之不得，辗转反侧"的典型记录，这就是通常所讲的"异性吸引"。我正处在青春期，对异性感兴趣，爱慕漂亮的女孩子，这都是正常的心理，于是，我开始了解人的性生理和心理活动的正确情况，与老师、父母交流，以正确的态度对待女性，排除自己内心的冲动。性冲动其实就像一大锅沸腾的激情，总要有个宣泄的出口，它是一种能量，能量一旦积累多了就要爆发，而发泄的渠道是多方面的、多途径的。整天胡思乱想，通过看黄片来刺激自己，表面上虽得到暂时的发泄和满足，实际上却引发了冲动的再次发生，如此周而复始，无形中会加重自己的负罪感。心理学研究告诉我们，性欲是人与生俱来的一种本能欲望，我们应该正视这种本能。

通过自我的分析发现，原来我频繁发生自慰行为的原因主要来自两个方面：一是性的吸引和冲动。一旦想到她美丽的身影和甜美的笑声，我便有一股想和她在一起的冲动，抑制不住自己，于是便有了多次的自慰行为，为此，我必须控制自己的这种连禽兽都不如的欲望，我必须避免与她的亲密接触。二是现在的书籍、影视和网络中对性的描写十分露骨、诱人，富有刺激性，易引发"联想"，色情文字和图片、淫秽的镜头等无不侵害着青少年的身心健康发展。

我找到了发生自慰行为的两个原因后，采取了以下措施：一是我渐渐地远离她，虽然这对我打击较大，我还是忍住心中的痛苦避免和她见面；二是在较长时间内不看色情影视和书籍，避免性文字的刺激；三是增强自己的意志，加强锻炼身体的力度，以消耗过剩的精力，以数倍的精力投入到紧张、无聊和枯燥的复习生活中，使自己忙碌而充实起来。同时做一些剧烈的体育活动，释放青春男孩过剩的精力，增加疲劳，使我晚上能够很快入睡，避免晚上有精力和心思去想入非非而导致自慰行为。经过以上措施，效果十分明显，我上课时精神饱满，心情快乐，自慰次数明显地减少，只是偶尔有梦遗而已，但我并不害怕，心理正常，不自责、不憎恨，反而更加快乐，以饱满的精神去迎接中考。青春是美丽的，生活是快乐的，身心健康的我安全地走过危险地带。

不管谁知道了我的经历，对我产生什么样的态度，认为我卑鄙、无耻、下流也好，说我是伪君子、衣冠禽兽也罢，我都会坦然对待，毕竟这是我生命中性成长的真实记录。

后记：一个青春期心理教育专家曾经在出国考察回来讲过这样一段话："在国外，她的房东的女儿来了初潮，她的爸爸给她买来了蛋糕庆祝她真正成人。"而在中国，一位母亲在发现儿子的床单上有遗精的痕迹后，用手指着儿子的脑袋说："你这小子，年纪小小，就想老婆啦!"这两种截然不同的态度和做法，究竟给孩子留下了什么不同的影响，我们的家长、老师和各类教育工作者难道不应该好好思索和反思一下吗?

2004 年 4 月 20 日

当时水谷老师只是给其进行了简单的回复："庆幸你能用科学的性知识理智地战胜自己，走出自己的成长困惑。感谢你能把你的经历讲出来，给教育工作者一个及时的提醒，也给同学提供了一个真实的事例，为你的逐渐成熟而感到欣喜。"后来，这位学生读高二时再次遭遇自己的情感困惑，这次他理智地说，"我会以学业为重的，自我约束很重要"。这个案例确实给我们以深沉的思索!

面对孩子成长的诸多困惑，我们到底能做什么? 继续以被动应对，还是应该更有作为? 下面让我们来看看两种更理性的做法。苏霍姆林斯基在面对女儿的爱情教育时，通过童话故事的方式让孩子明白"只有懂得爱，将其提高到人性美的高度，才能成为一个真正的人"，这是极具教益的。而哈佛女孩刘亦婷的父母则借助生活化的情境让其自然地认识了男女的身体构造和机能，当孩子有所意识的时候，又结合动植物的生殖规律给予间接的性教育，培养了孩子的性美感，有效地增强了孩子的抗污染能力。[1]

爱的教育，是真诚的，不虚伪、不矫饰的，而那些以爱为名义的管制或者放任自流，却是父母们应该避免和杜绝的。

---

[1]　张欣武、刘卫华:《刘亦婷的学习方法和培养细节》，北京，作家出版社，2009。

"叫爸爸"，他教了孩子三万多次

> 父母对成长中的孩子要有持之以恒的耐心，坚持一点一点地努力，总会有成效。

前面我说到对孩子要"管教从严"，我说的"管教从严"，其实就是父母对成长中的孩子持之以恒的"耐心"。**人生很多的麻烦都是由于缺乏耐心引起的。 缺乏耐心也是我们这个时代普遍的"文化"。** 就像一位道路交通专家说的那样，我们道路上的交通事故有很多是由于缺乏耐心造成的，该慢的时候不愿慢，该小心的时候不肯小心，明明前方有人行走，我们不是减速，而是按喇叭，然后加速超越。你怎么可能每次都那么侥幸呢？

耐心也是一种谨慎，教育确实要从急于求成、追求立竿见影的心态中挣脱出来。人的成长总是很慢的，你相信孩子"会长大"，你就不应该那么着急。你等着，期待着，有时还需要手把手教育着，大概就没有什么大不了的事情了。

耐心中也包含着信任，信任生命成长的规律，什么阶段就会有相应的什么问题。比如，有时候我太太和孩子在某个问题上发生矛盾，很生气，孩子生完气上学去了，晚上回来，看见妈妈还在生气，就走到妈妈跟前，拍拍她的肩膀：别生气了，你也知道，青春期啊！青春期，她认为自己情绪不稳定是正常的，生气也是正常的，你生气就不应该了。对父母而言，情况也是这样，你免不了在情绪、情感上受到孩子这样那样的伤害，这是你的宿命，这不是你的错，而是你的命。

我总是相信耐心是教育孩子"最不坏"的方式。为什么是"最不坏"？因为你有时并不知道什么是最好，能做到"最不坏"，已经非常了不起了。耐心总是有效的，耐心也能创造奇迹。

我有位朋友，孩子小的时候由于服药不当，听力严重受损，小时候看不出来，到了3岁还不会说话才去检查，一查才知道孩子几乎没有听力，这下才知道麻烦大了。孩子这么大了还不会叫爸爸，他就从教孩子"叫爸爸"教起，后来他统计一下，大概对孩子说了三万多次"叫爸爸"，每天只要和孩子在一起，就是教"叫爸爸"，当时住的还是单位的宿舍，隔音效果很差，隔壁人家天天听的也是"叫爸爸"，就跟单位提出，"要么他搬走，要么我搬走，要不然我肯定要疯掉了。"但是，这个父亲就是这么艰辛地坚持了下来，共教了三万多次，孩子终于会叫爸爸了，然后慢慢地开始会说更多的话。

每一个人的成长都需要必要的条件，一个孩子若有智力或健康方面的重大局限，他对成长所需要的条件也就更为苛刻，为人父母就要倾其全力给予孩子关爱与帮助，孩子任何进步都具有石破天惊的意义。

这当然是一个"极端"的例子，不过从这个极端的例子也可以看到，哪怕再困难的事情，只要有耐心也仍然有可能。人生有很多不能改变和难以改变的，也有很多只要用心终归能够有所改变的，我说教育孩子要放松一些，无非是强调我们更应该"随顺生命的自然"，坚持着一点一点地努力，终归会有成效。

孩子最需要父母的热情鼓励

> 坚持把鼓励、赞扬、肯定、分享、帮助，变成最重要的家庭文化，在充满爱意和希望的氛围中成长起来的孩子，一定会更坚强、更自信，拥有更美好的人生。

孩子的成长最需要父母"无限热情的鼓励"，孩子成长的每一步，都受本能的主导，同时也是父母鼓励的结果。鼓励不仅能够使孩子成长得更快、更顺利，鼓励还会成为一种文化，让孩子明白自己生活在爱之中，让孩子更信赖自己所生活的世界，更信赖自己的父母、自己的家人。鼓励会使一个人慢慢地找到生命的方向。

我们怎样才能当好父亲、当好母亲？也许我们重新做回一个孩子就可以了。我说的是应该让一颗童心重新回到我们的心灵，就是**我们能够以孩子的方式去看一个孩子，而不仅仅以一个成人的眼光去看孩子，这样我们才能从孩子的一切变化中看到神奇，从孩子最微小的变化中也看到最伟大的意义。** 我们变成了赞美者，变成了怀着感恩之心的人，我们的口中也含着蜜，眼睛中充满了欣喜与鼓励，我们把所有的热情都给了自己对孩子无限的期待。

有位诗人曾经告诉我他育子的故事。他说他的女儿读小学四年级之前一点都没显示出写作的天分，有时他也会遗憾自己的遗传优势没有在孩子身上显现。孩子读五年级时，有一天突然写了一首颇不错的诗，让他极为兴奋、惊讶。他就郑重地把孩子叫到身边，告诉她只要这样写下去，一定会有大出息。孩子听了父亲的话，也极为兴奋，眼睛亮闪闪的，后来果然成了一个优秀作家。这位诗人说，也许你根本难以判断你的鼓励会产生什么效果，你只管鼓励就是，在鼓励中孩子一定会找到适于自己发展的最佳之处。

记住，不要当着孩子的面，与老师或其他家长议论孩子的优缺点。

给孩子无限尊重的态度

> 父母应该以一种"无限尊重的态度"对待孩子的成长，既不能强迫、改变他，也不能溺爱他，"温和而严格"是最恰当的教育。

作为父母还应该以一种"无限尊重的态度"，对待一个生命成长的自然。任何一个生命成长都包含着"非如此不可"，只有"如此"才是最好的"生命自然"，这里所说的自然，就是一种内在性，一种天然如此的成长方式。对这样的内在性，尊重它、鼓励它、小心翼翼地帮助它才是一种最恰当的方式。比如，有些孩子是习惯用左手的，以前我们总是要把它改为右手，这样的"改"很可能带给孩子很多我们所不知的麻烦。在人成长的过程中，首先要尊重的就是生命成长的自然。相信任何一个孩子"这个样子"，一定有他的理由，我们不要试图去改变他，我们也不必去勉强他，他最大的优势就在他本来是什么样子，顺之者昌，逆之者就成为一种"害"。

另外，在家庭中，对孩子成长的忽视当然是一件不应该的事情，但是现在更麻烦的却是，只有一个孩子，我们真的是含在嘴里怕化了，捧在手里怕碎了，一家几代人围着一个孩子打转，常常严重干扰了孩子成长的内在秩序，不断地用你所谓爱的方式，让他变得不能忍受，变得极不耐烦，变得烦躁不安。什么叫溺爱？"溺爱"中其实最要命的不是爱，而是"溺"，溺就是过多、过度、不节制，就是剥夺了一个生命自然的感受力、自然的成长方式。这也不是尊重，这样做的严重后果就在于，一个儿童很可能一直"长不大"，一直无法"社会化"，最终成了一个"超级婴儿"。

可以说父母养育的方式，其实就是一种教育方式，"一个民族的未来是从摇篮开始的"，确实不是什么夸张的说法。

养育孩子，"温和而严格"是最恰当的教育。 在"温和"中孩子才能自由成长，在"严格"处孩子可以学会自律。

‖ 请记住我的三个观点

> 我们对孩子怀有一生的责任；爱孩子就要和孩子生活在一起；教育孩子要抓住成长的关键期。

有一次看到一个电视节目，讲的是美国前总统布什会见英国女王伊丽莎白二世时，不小心把伊丽莎白女王的年龄多说了 200 岁，他自己意识到后，就调侃说，当自己犯错误的时候，看到女王正看着他，眼神就像一个母亲看着犯了错误的儿子。布什说他感到很温暖。我相信所有的鼓励、原谅、疼爱和肯定的眼神都会使我们感到很温暖。

有一次，我在做讲座，中场休息后，一位老奶奶特地跟我说，她听得热泪盈眶，都受不了了，只好悄悄走到外面去流眼泪了。我讲的课不是让大家流眼泪的，但确实希望大家和我有共鸣、有同感。其实人与人之间是很容易产生同样的感情的，因为人性在主要的面向上是相似的，人有共同的需要和利益，人有相似或虽然不一致但都可以相通的成长经验，更重要的是，今天我们说的是教育，是家庭教育，是生儿育女的责任，这对任何一个民族而言，都是一件民族的事业。说实在的，一个民族如果把教育当做自己的立国之本，这个民族一定是有希望的，这个民族也是有志气的。

关于教育孩子是为人父母一生最重要的事业，我谈了三个观点。

第一个观点是，我们对孩子怀有一生的责任，无论是法律意义上的责任还是伦理意义上的责任，对孩子的关怀、疼爱、帮助、提醒、牵挂、思念、承担等人类最美好、最细致的情感始终贯穿我们的生命。为人父母既是责任也是宿命，一个孩子的未来，最重要的是由他的父母所决定的。

第二个观点是，爱孩子就是要和孩子生活在一起，和孩子生活在一起是最好、最自然的教育。给予孩子情感上的抚慰、成长中的指导，都是每天持续不断的工作，只有一家人生活在一起，这样的工作才是真实可靠的。一个健康、和谐的家庭，孩子一般不会出大问题，孩子的一生也能有更好的保障。

第三个观点是，教育孩子要抓住成长的关键期，要抓住孩子行为的起始处，这两个关节点上做好了，孩子后边的成长就会比较顺利。而如果忽略了孩子早期的教育，尤其是错过了孩子 0～6 岁、7～13 岁这两个最重要的阶段，孩子后面的成长一定会遇到麻烦，而且很多麻烦是你很难有什么办法改变的。做个好父母，就是多尽自己的责任，少吃后悔药。

一本值得读一百遍的书

> 对任何人而言最大的影响都来自遗传，遗传很大程度上决定和影响人的未来。对孩子身上不可变的要理解、尊重、包容，对能够改变的要用心、用力、主动承担责任。

《沉思录》是古罗马皇帝、哲学家马可·奥勒留于公元 2 世纪写的个人哲学思考录，我在 20 世纪 90 年代时也注意到这本书，当时，我的女儿刚开始上小学，书中开头的一段话就让我印象特别深刻：

从我的祖父维勒斯，我学习到弘德和制怒。

从我父亲的名声及对他的追忆，我懂得了谦虚和果敢。

从我的母亲，我濡染了虔诚、仁爱和不仅戒除恶行，甚而戒除恶念的品质，以及远离奢侈的简朴生活方式。

从我的曾祖父那里，我懂得了不要时常出入公共学校，而是要在家里有好的教师；懂得了在这些事情上一个人要不吝钱财。

从我的老师那里，我明白了不要介入马戏中的任何一派，也不要陷入角斗戏中的党争；我从他那里也学会了忍受劳作、清心寡欲、事必躬亲，不干涉他人事务和不轻信流言诽谤。

从戴奥吉纳图斯，我学会了不使自己碌碌于琐事，不相信术士巫师之言，驱除鬼怪精灵和类似的东西；学会了不畏惧也不热衷于战斗；学会了让人说话；学会了亲近哲学。我先是巴克斯，然后是坦德西斯、马尔塞勒斯的一个倾听者。我年轻时学习写过对话，向往卧硬板床和衣粗毛皮，从他，我还学会了其他所有属于希腊学问的东西。

从拉斯蒂克斯，我领悟到我的品格需要改进和训练，知道不迷误于诡辩的竞赛，不写作投机的东西，不进行烦琐的劝诫，不显示自己训练有素或者做仁慈的行为以图炫耀；学会了避免辞藻华丽、构思精巧的写作；不穿着出门用的衣服在室内行走及别的类似事情；学会了以朴素的风格写信，就像拉斯蒂克斯从锡纽埃瑟给我的母亲写的信一样；对于那些以言词冒犯我，或者对我做了错事的人，一旦他们表现出和解的意愿，就乐意地与他们和解；从他，我也学会了仔细地阅读，不满足于表面的理解，不轻率地同意那些夸夸其谈的人；我亦感谢他使我熟悉了埃比克太德的言论，那是他从自己的收藏中传授给我的。

从阿珀洛尼厄斯，我懂得了意志的自由和目标的坚定不移；懂得了在任何时候都要依赖理性，而不依赖任何别的东西；懂得了在失子和久病的剧烈痛苦中镇定如常；从他，我也清楚地看到了一个既坚定又灵活，在教导人时毫不暴躁的活的榜样，看到了一个清醒地不以他解释各种哲学原则时的经验和艺术自傲的人；从他，我也学会了如何从值得尊敬的朋友那里得到好感而又丝毫不显得卑微，或者对他们置若罔闻。

从塞克斯都，我看到了一种仁爱的气质，一个以慈爱方式管理家庭的榜样和合乎自然地生活的观念，看到了毫无矫饰的庄严，为朋友谋利的细心，对无知者和那些不假思索发表意见的人的容忍。他有一种能使自己和所有人欣然相处的能力，以致和他交往的愉快胜过任何奉承；同时，他又受到那些与其交往者的高度尊敬。他具有一种以明智和系统的方式发现和整理必要的生活原则的能力，他从不表现任何愤怒或别的激情，完全避免了激情而同时又温柔宽厚，他能够表示嘉许而毫不啰唆，拥有渊博知识而毫不矜夸。

从文法家亚历山大，我学会了避免挑剔，不去苛责那些表达上有粗俗、欠文理和生造等毛病的人们，而是灵巧地通过回答的方式、证实的方式、探讨事物本身而非词汇的方式，或者别的恰当启示，来引出那应当使用的正确表达。

从弗朗特，我学会了观察仅仅在一个暴君那里存在的嫉妒、伪善和口是心非，知道我们中间那些被称为上流人的人一般是相当缺乏仁慈之情的。

从柏拉图派学者亚历山大，我懂得了不必经常但也不是无须对人说话或写信；懂得了我没有闲暇；懂得了我们并不是总能以紧迫事务的借口来推卸对与自己一起生活的那些人的义务。

从克特勒斯，我懂得了当一个朋友抱怨，即使是无理地抱怨时也不能漠然置之，而是要试图使他恢复冷静；懂得了要随时准备以好言相劝，正像人们所说的多米蒂厄斯和雅特洛多图斯一样。从他，我也懂得了真诚地爱我的孩子。

从我的兄弟西维勒斯，我懂得了爱我的亲人，爱真理，爱正义；从他，我知道了思雷西亚、黑尔维蒂厄斯、加图、戴昂、布鲁特斯；从他我接受了一种以同样的方法对待所有人、实施权利平等和言论自由平等的政体的思想，和一种最大范围地尊重被治者的所有自由的王者之治的观念；

我也从他那里获得一种对于哲学的始终一贯和坚定不移的尊重，一种行善的品质，为人随和，抱以善望，相信自己为朋友所爱；我也看到他从不隐瞒他对他所谴责的那些人的意见，他的朋友无须猜测他的意愿，这些意愿是相当透明的。

从马克西默斯，我学会了自制，不为任何东西所左右，在任何环境里和疾病中欢愉如常，在道德品格方面形成一种甜美和尊严的恰当配合；做摆在面前的事情并毫无怨言。我注意到所有人都相信他思如其言，在任何行为中都不抱恶意；他从未表现过奇怪和惊骇，从不匆忙，从不拖延，从不困惑或沮丧，他不以笑声掩饰他的焦虑，另外也不狂热或多疑。他已习惯于仁慈的行为，随时准备宽恕，避开所有错误；他给人的印象与其说是一贯公正，不如说是不断改善。我也注意到：任何人都不能认为受到了他的蔑视，或者敢自认是比他更好的人。他也具有一种令人愉快的幽默的本领。①

我引了一大段文字，只为了说明内心深深的感触，你一定也会感慨自己怎么没有这样的曾祖父、祖父、父母亲、老师和朋友呢。虽然这也没什么好遗憾，毕竟不是每一个人都有奥勒留的家境，因此也不是每个人都能成为奥勒留，不过它仍然对我们有启发。想要教育好孩子，重要的就在于创造一个有助于孩子成长的环境。也许父母就是最重要的"环境"，**父母需要先受教育，这样的教育首先就是要反省自己有什么品格能够成为孩子的示范，有哪些行为在给予孩子积极的影响。**一个生命在他早期所受到的影

---

① 奥勒留著，何怀宏译：《沉思录》，北京，中央编译出版社，2008。

响，哪怕最细微的差别，都会导致结果的巨大不同。我有一个朋友，生了双胞胎，因为工作太忙，照顾不过来，就把其中的一个孩子交给爷爷奶奶照看，周末再抱回来，一直到上幼儿园孩子才完全由自己养育，没想到就是这样两年不到的时间，两个孩子后来的成长有相当大的差异，爷爷奶奶带的孩子性格内向、自卑、少言寡语，学习方面也一直比不上他的兄弟。2008 年两人都参加高考，一个轻松考上了重点大学，另一个上的则是职业技术学院。他母亲感慨地说，孩子学业的差别也许还是小事，他读职业技术学院也是自己所喜欢的专业，而最难改善、也最让人担忧的还是孩子的性格，一个热情、阳光，另一个则有严重的人际交往障碍，好像怎么也快乐不起来。

　　人的大脑本身就是一个很奇特的吸收器官，它通过吸收信息、通过与别人的交流，形成自己的理解和反应方式，不是说它会一成不变，而是，有些习惯在童年时一旦形成，就很难被改变。**每一个父母都有两次机会塑造自己孩子的生命。** 遗传基因是一次，它决定了一个人身体各方面的上限；**而后天的家庭教育，则决定了一个人是否能够充分利用自己的条件，走得更远。** 今天我们探讨家庭教育的重点便落在家庭文化的具体影响上，这是第二次对生命的塑造。我这里先讲讲自己读童话的一个心得。

化身为仙女的好母亲

> 父母都要站在孩子成长的"现场"，去思考我们应该怎样对待孩子的各种问题。为人父母，也就是不断地从孩子的各种各样的问题，回到自己的责任，回到自己的应对。

我真正的童话阅读是和女儿同步的，先是读给女儿听，慢慢地自己也读了进去，后来是被女儿带着阅读。女儿读一年级时，我还建议她的学校把一年一度的文化节做成童话节，那天发生的故事今天我还历历在目。不过这会儿我不是来谈这个一年级的故事的，我谈的是另一个人物——匹诺曹。《木偶奇遇记》是我在童年时读过的童话之一，那个时候生活在一个小乡村，怎么会读到匹诺曹真是匪夷所思，我实在想不起来到底是谁"成全"了我，这是一个经常想及的问题。

匹诺曹本身的经历当然颇为神奇，几乎所有的孩子都会喜欢他和他的故事。但我至今仍然印象极为深刻的却是，《木偶奇遇记》中，我最喜欢、最敬慕、最神往的人物是那个仙女。就像有些孩子反反复复看一部他早就背得滚瓜烂熟的电影，他再也不是为了什么剧情、对话之类，而是为了某个他最喜欢的人物，每次都等着他出现，每次都只等着他出现，每次都只为了他的出现。在我眼中，匹诺曹的故事，只是为仙女出现服务的，没有她，匹诺曹的故事的所有神奇是发展不下去的；没有她，匹诺曹也只可能是某个乡村令人沮丧的小淘气；没有她，也就没有匹诺曹最危险、最绝望的时刻，最让我们心跳的奇迹出现。我甚至不关心匹诺曹的鼻子变长了，不关心他变成了一只毛驴，我难过的只是，他怎么能辜负了仙女的爱和希望呢，要是我肯定会克制自己，肯定不会让她那么伤心与失望了。

很多年过去，我一直没有再读匹诺曹。我渐渐明白，匹诺曹所犯的错误在我这样的乡村少年眼中，实在算不上什么，那同样是非犯不可、时常要重复犯的，但是，对我们而言，我们缺少的是一个化身成仙女的母亲，一个神奇的、美丽的天使，一个给予我们无限宽容和安慰的人，一个对我们永不放弃，总是最后能让我们获救的人。

在《卡尔·威特的教育》中，我们看到，正当老威特准备对孩子进行科学的早期教育时，老天却给他开了一个玩笑——小威特出生时四肢抽搐，呼吸急促，反应迟钝，显然是先天不足。老威特并没有绝望，悲伤中的他更坚定了对儿子的教育，他以合理的喂养方式使儿子拥有健康的体魄，又巧妙地利用许多生活境遇对儿子进行言语开发与智力培养。6 岁的小威特学会了用母语阅读，之后的两三年时间里，他在父亲的引导下学会了六国语言，并通晓动植物学、物理学、化学，特别擅长数学；9 岁时就读于哥廷根大学，14 岁便获得哲学博士学位，16 岁又获得法学博士学位，并被任命为柏林大学的法学教授，至 23 岁发表专著《但丁的误解》。父亲的赏识——"你是非常聪明、非常好的孩子"，使儿子有了生活的勇气；父亲的鼓励——"你一定行的，我相信你"，使儿子有了学习的自信；父亲的宽容——"非常不错，爸爸比你差远了"，使儿子有了审慎的态度。

然而，老威特的夸奖并不是随意的，而是切中肯綮的。这也是为了防止小威特自傲所采取的策略。有时，老威特也会鼓励孩子多犯错误，在体验中增强生活的真实感。值得一提的是，只要小威特学习优秀，老威特每天都会奖给儿子一个戈比，既让孩子感到体面，又让孩子觉得这报酬来之不易，更重要的是培养了孩子的"理财能力"——那些钱不是为了买糖果之类的毫无意义之物，而是为了购置书籍或实用的工具，甚至用来做善事。后来，小威特用那些钱中的一部分买了一些礼物送给朋友和穷困的孩子，这让他们体会到了生活的惬意。

在我看来，教育的核心问题不是防止、减少和避免孩子犯错误，也不是凭空去想象"孩子应该怎样"，而是父母都要站在孩子成长的"现场"，去思考我们应该怎样对待孩子的各种问题，这些问题都是"自然"的问题，它们不是这样发生就可能是那样发生，都是孩子生命中的问题、成长中的问题，同时有些问题还是家庭教育的问题。为人父母，也就是不断地从孩子的各种各样问题，回到自己的责任，回到自己的应对。

孩子不需要担心，而需要关心。

孩子不需要责骂，而需要理解。

孩子不需要说教，而需要分享。

孩子不需要考验，而需要分担。

孩子不需要冷落，而需要疼爱。

孩子不需要被寄予希望，因为他本身就是希望。

"独生子女是教育不好的"

　　快乐的孩子，都有伙伴；孤独的孩子，性情容易变得古怪。多鼓励孩子与同伴交往，多鼓励孩子参加户外运动。

　　三代同堂的家庭一旦为养育孩子出现分歧甚至争执，几乎没有调节与改善的可能，因为"真理往往掌握在脾气最坏的人手里"。

　　解决家庭中养育第三代人权力的争夺，最好的办法是分开居住，由父母独立养育自己的孩子。最糟糕的情形也莫过于，你可能暂时伤了自己父母的心，但你因此可以尽到更多对孩子的责任。

　　苏联教育家马卡连柯说过，你把0～5岁的孩子教育好了，后面的教育就不会有太大问题，就会比较顺利。马卡连柯还说了一句对我们今天中国人特别"不利"的话，他说"独生子女是教育不好的"，当然他不是特别针对我们今天的现状说的。他从自己对问题儿童的研究中发现，很多问题儿童是独生子女，大多数问题儿童都是家庭造就的。这里，我要说一句很夸张的话，一个从健康的家庭中成长起来的孩子，学校要毁掉他没那么容易，而一个被不健康的家庭造就出来的孩子，学校要帮助他，也非常困难。而独生子女在今天的家庭格局中，他常常不可避免地要成为关注中心、溺爱中心，他所犯的错误很容易被忽视，被大事化小、小事化了。比如，我最近碰到的一个母亲，她那个读初一的孩子偷了家里的一千多元钱后出走不归，她好不容易和孩子通上电话，在电话里她告诉孩子："宝贝，你不要去打游戏机，如果不去打，回家我奖你三十块钱。"让人听了不胜欷歔。

父母最需要意识到的就是，无论自己所受的教育还是自己的品行都存在诸多问题，首先要一点一滴挤掉自己身上的毒素，才能"更配"为人父母。

独生子女还有一个问题也非常麻烦，就是他们常常还会成为家庭中两代人争夺的中心，争夺的结果往往是，任何正当和比较严厉的教育都无法实施，而对孩子不当的疼爱、放任却大行其道，孩子完全"宠物化"了。这样的家庭状况也会使孩子早早就学会了察言观色，善于寻找自己的保护伞，变得有恃无恐，无法在成长中渐渐形成自己的"底限意识"，什么是能做的，什么是不能做的，什么是绝对不能做的，很难分得清楚。同时，由于独生子女大多数时间是和长辈生活在一起，缺乏伙伴，思维、语言、行为方式都会早早表现出"成人化"和"超强社会化"现象，什么叫"成人化"和"超强社会化"？就是早早地就庸俗化了，老气横秋，心态老化，眼睛中没有儿童的亮光，童真、童趣过早就丧失了。前不久，我一个学生带着他的孩子来看我，走在路上，这个读四年级的女孩子，居然关心起"老师，你的老婆有没有在家"。她这么成人化的称呼真让我大跌眼镜。

缺少与同龄人交往的孩子，必然早熟，早熟就是生命过早失去弹性，过早定型，早熟必然早衰。早熟就是过早社会化，过早进入成人世界，儿童也因此过早失去天真与好奇，失去活力和想象力。让儿童像个儿童，一个社会就更有希望。

任何一个孩子的成长都是需要伙伴的。孩子两岁以后父母就要想方设法给他找伙伴，让他有更多的机会与同龄的孩子在一起。同年龄的孩子在一起，相互映入自己眼帘的也是同龄的脸，这就是一种"自然"，也有助于孩子保持自己的样子。孩子在一块儿游戏，就是最好的学习方式，他们学习说话，学习交流，学习合作，学习退让，也会体验人与人之间各种碰撞，并形成对自己的认识，对他人的认识。这一点，在今天普遍是独生子女的家庭状况之下，更应该引起父母的重视，但是，原来传统多子女家庭中那种自然而然的教育氛围完全消失之后，我们的家庭教育还没有找到教育独生子女的更正确的理念和更恰当的方法，这一点从文化形成上当然也很正常，文化变化总是慢的，总是带有某种"滞后性"，但是孩子生命成长不能等，所以我们家庭教育就容易显得比较粗陋、随意、将就。

比如，传统家庭中孩子之间互相教育，是一种既自然又有效的教育方式，很多地方不须长辈费心，兄弟姐妹之间自然就会有互相的监督、提醒、竞争与示范。有时候哥哥扁弟弟一顿往往效果比父母亲自动手还要好。同时多子女家庭，本身就是一种具有竞争性的生存空间，一般情况下没有什么东西只属于某一个人，没有谁能够平白拥有某种特权，"独享"的情况是少有的，也很少会有孩子被溺爱所毁坏的，相对而言，父母对孩子生命安全也不会充满那么多的担忧，因此孩子普遍有更多的尝试与锻炼的机会，自然也会有更强的活动和生存能力。我这里列举这么多传统家庭的"好处"，不是为了缅怀，而是实在需要强调我们今天所面对的问题，培养好"这一个"孩子，需要有更新的思考。要不然确实会像马卡连柯说的那样，"独生子女是教育不好的"。

一定要管孩子，关键是怎么管

> 对待孩子，应该理直气和、义正词婉，而不是理直气壮、义正词严。

孩子是一定要管的，关键是怎么管。

今天作为一个父母，经常会迷惑不解，比如有人认为不应该太管孩子，有人甚至认为最好不要管孩子，一切顺其自然。有不少爸爸、妈妈也问我，"我们现在是管也不是，不管也不是，不知道张老师有什么秘诀？"应该说在家庭教育中，"顺其自然"与"遵从规范"一直是一个矛盾体。这样的矛盾还由于每一个具体的家庭、每一个具体的孩子有很大的差异而变得更为复杂。我们现在要做的工作大概同样可以转换一个角度来分析一下，就是更需要研究的是什么时候应该"顺其自然"，什么时候应该"遵从规范"。同时这样的工作还应该从每一个孩子出发，从每一个家庭出发，从我们今天所处的时代出发。谈教育特别重要的就是，千万不要忘了具体的人。

对任何一个孩子，我都主张一定要"管"，就是作为父母一定时刻要意识到自己的责任。孩子可能是我们最大的财富，也可能会成为我们最大的悔恨，孩子的事情你先别指望着别人能够帮助你，任何人的帮助也都不能替代你作为父母能起到的作用。在这里，我再明确一下自己的观点，就是为人父母是一生的大事，所有的人只要成为一个父母，就是"一生只为一件大事而来"，教育好孩子，绝不是一件可有可无、可以随时替换的工作，也不是随便可以应付、随时可以退出的工作，教育好孩子，是每一个父母的"命业"！大家可能只知道职业、只知道事业，我今天提到"命业"，就是要从孩子生命的高度和父母生命的高度，来看待我们的工作，孩子是我们"生命的荣耀"，我们也应该是孩子"生命的荣耀"，命业就是真诚、就是一心一意，就是抱着希望和信仰去尽自己的责任。

这个"管"的合理性在于，顺乎孩童的天性，使其欲求的满足有所自制，此间，需要父母对来自孩子的欲望给予理性的调剂，该宽容则宽容，该严厉则严厉。17 世纪英国著名哲学家和思想家约翰·洛克的《教育漫话》①，由于在身体教育、道德教育和智育等方面有独特的见解，已被奉为教育的圭臬。"健康的精神寓于健康的身体"，孩子未来的创造性生活基源于健康的体魄，而道德教育与智育的宗旨也是为培育健全的精神个体服务的。用理智的方式让孩子克服欲望的膨胀，这是培养孩子自制力最好的途径。与此相反的做法是，用体罚或变相体罚的手段制造对抗、鼓励说谎、培养奴性、强化暴力，不一而足。管得过严，甚至常用教鞭，无非伤害孩

---

① ［英］约翰·洛克：《教育漫话》，北京，人民教育出版社，2006。

子的自尊，教给孩子同样粗鲁的方式，一旦孩子远离监视，便会产生许多不良的倾向与行为；疏于管教，容易使孩子更任性，同样不利于精神的健全。有些家长喜欢用各种物质酬劳奖励孩子，作为对孩子听话或学习成绩好等行为的肯定，实质上，这既忽视了孩子的品质教育，又容易使孩子滋生各种不合理的欲求；或者，当孩子偏执于某一玩乐的念头时，家长以另一种欲求作为补偿，在连哄带骗中让孩子做另外的事情，比如用一粒糖果换取孩子的安宁。这样一来，完全忽视了教育的一致性原则。

孩子需要养成自尊自重的习惯，形成正确的荣辱感，才能对各种物质诱惑保持适当的距离，关键时刻给予拒绝。这就需要父母少规训，少说教，多践行，一经说出，便要严格执行，做到"言必信，行必果"。

对孩子的任何叮嘱，首先你自己需要做到。 对孩子的任何叮嘱，只要你自己能做到的，重复着叮嘱，一定能达到你预期的目的。

管教从严是不是老一套

好父母能够发出明确的信息，能够对孩子不当尤其是危险行为有正确制止的方法，你对孩子提出的要求越明确，收到的效果就越好。

在这里，我又要强调自己的一个观点，前面我已提出，一定要管孩子。现在我紧接着再强调对独生子女，对今天所有的孩子，父母都应该管教从严。

原因很简单，任何一个家庭对独生子女总是天然地偏向于溺爱与放任，普遍地疏失于管教，今天中国儿童教育问题，除了忽视所造成的种种弊端外，更为严重的都是为溺爱所害、为放任所苦，孩子早早就失去了方寸，到了小学三年级往往已经积习难改。

目前国家生育政策已经发生变化，很多家庭开始生育两个甚至三个孩子，从根本原则而言，教育孩子的方式都是一样的，都需要父母有责任心，有基本原则，有行动力。

所谓管教从严，自然就会对父母提出更高的要求，首先你要用心于孩子的教育，没有陪伴，你哪里知道孩子到底出了什么问题，到底什么时候出了问题，这些问题你究竟应该怎么应对？

我认为现在太多家庭在"虚假"的尊重孩子、疼爱孩子的幌子底下，放弃了作为父母的责任，孩子爱干什么就让他干什么，孩子需要什么就满足他什么，孩子爱说什么就随他说什么，看起来孩子真的是自由了，但这样的自由完全是害了孩子。你到任何一所学校去看看，就会知道这些被"乱养"的孩子有多么麻烦，还有一些孩子已经多么可怕。

一个不当或错误的行为刚刚发生时，及时进行教育，效果最为明显。现在还有很多父母则完全是以对孩子学业的关注代替了心灵教育、养成教育以及其他关系到他生命健康的教育。他们嘴里最常说的就是学业成绩，最关心的也只是孩子的学习状况，只要求孩子坐在书桌前把书读好，家事不用做，亲戚来了不用招呼，除了读书外，其他事可以一概不用管。其实你想想看，这样目中无人、心中无世界的孩子，以后哪里有能力在这个社会立足？

今天很多家庭中，父母变得太脆弱了，几乎不知道怎么批评孩子，偶尔批评一下，自己的心比孩子还疼。不是孩子看你脸色行事，而是你要看孩子的脸色，孩子稍不如意就乱发脾气、大吵大闹，做父母的反而只有顺从的份，孩子完全是没大没小，好像家庭的地位被颠倒了。也可以说，"纲纪"一乱，孩子一定会出事。

所以我要特别强调："一定要管孩子，管教应该从严。"

在 16 岁之前，儿童大都难以自主改正自己的错误。 好父母就是帮助孩子设立限制、规范和期望，并耐心协助他逐渐实现的人。

"你们中国人，好像不太喜欢孩子"

即使你认为非常有必要批评或惩罚孩子，也需要先克制一下，克制可以避免犯错，变得从容、理智，这都有助于你在教育孩子上做到"最不坏"。

下面我接着说，孩子到底应该怎么管。

大家听我说"管教从严"，大概会觉得我说的不是回到老一套吗，其实不是这样。

2008 年春节我去澳大利亚，澳大利亚一位研究国际政治的朋友，突然和我说了一句让我颇为不安的话，他说，你们中国人好像不太喜欢孩子。我说，我们中国现在讨论的问题核心是我们已经过分溺爱孩子了，你怎么觉得中国人不太喜欢孩子呢？

他说，他从中国相关的网站和其他媒体中获取的信息发现，中国人经常当众责骂孩子，对孩子的教育经常是用"一只手"的方式进行的。比如有些孩子犯了错误，很多父母就是站得远远的，伸出一根手指大声斥责，显得非常粗鲁。这一根手指的方式，也很像是对孩子的诅咒，这样的方式，我从带着孩子到澳大利亚旅游的中国人身上也时不时看到。大声的斥责如果还不见效，很多人就会改成一个巴掌的教育。我发现今天的中国父母很有意思，经常表示愿意尊重孩子，平时也比较溺爱孩子，说来好像教育也很西方化了，但另一方面骨子里又完全是东方式的，很容易不耐烦，一不耐烦就喜欢用传统的方式解决问题。我接触到一些已经在澳大利亚生活的中国人也还是这样，对孩子很缺乏耐心，有时候为了自己的娱乐，逗孩子玩儿一下还可以，玩儿两下就不行了，常常是马上翻脸动怒，把孩子打一顿，孩子安静了，自己就开始打麻将。

这位朋友说的话实在让我羞愧，我发现这样的例子在我们生活中真是比比皆是，就在我从香港转机去悉尼时，在候机厅里也看到一位奶奶和妈妈对绕着座椅奔跑的孩子这样比划着"一只手"大声斥责，令人侧目。可以说，**当众责骂和惩罚孩子，几乎就是一种可怕的虐杀。**

很多时候，当稍有反思能力的父母们扩大视野、检视自己在孩子身上所进行的教育时，常常会发觉自己的粗鲁并没有改善孩子目前的陋习或困境，反而加剧了孩子的问题，这就需要我们不断地调整对待孩子的态度或方式——"放下食指，跷起大拇指"。近年来，芬兰教育开始吸引全球教育的眼球，这使我们不得不对其全民重视基础教育的做法产生兴趣。在芬兰，不时能看到孩子的阅读习惯、数理解析能力、日常生活技能等方面在顺乎自然（并非"天然"）的基础上不断推进与完善，孩子没有沉没在过多的作业与反复的考试上，而是带着更多的"为什么"去探索知识的起源。芬兰的父母重视孩子的早期阅读，并非是为了让孩子"赢在起跑线上"，也不是为了炫耀或跟风随众，而是切切实实地培养孩子的阅读兴趣与习惯，培养其独立的思考能力与自由的创造才能。读书不仅仅是完成教材的学习任务，更多的是透过人类深厚的文明成果丰富自己的人生。"每天至少半小时的自我阅读"[①]，这已慢慢形成芬兰孩子的固定家庭作业，孩子会在无压

---

① 陈之华：《芬兰教育全球第一的秘密》，北京，中国青年出版社，2009。

力的情况下进入自主阅读的精彩世界，由此，终生阅读的习惯便成了每个孩子的后天本能。

这除了受父母影响之外，还得益于芬兰开放的公共图书阅读系统，在这样的环境中，读书作为提升个人修养的重要途径被当成一种高尚的行为，而不读书反会被人鄙视。芬兰前总理阿赫说："给孩子最好的教育，就是给他最好的人生。"这样的视野与气概，无不给那些擅长打压孩子的中国父母以提醒：当我们因孩子的不争气而乱发脾气甚至拳脚相加的时候，我们是否需要换一种温和的方式去面对孩子的问题而化解成长中的各种危机？

父母身上不良的品行，诸如懒散、粗鲁、急躁、狭隘、势利、缺乏善心以及不良的生活方式等，往往更容易被继承，因为"坏品质"总是更有活力和传染性，而所有优良品格则需要加倍的心力才能培植，同时它对父母的要求也更高。

▌把"一只手"的教育改为"两只手"

> 和孩子交谈，6 岁之前适宜"面对面"，6 岁之后要逐渐改为"肩并肩"。因为 6 岁之前的孩子在意你对他的关注，而青少年则不希望你"盯着他"，而是能够以朋友的方式和他交谈，这样他更容易打开心扉。

不知在今天的父母们看来，要把"一只手"的教育改为什么方式的教育更为妥当些呢？

在我看来，首先应该把"一只手"教育改为"两只手"更为妥当一些。

我觉得对 0～6 岁的孩子最好的教育应该是"两只手"的教育，也就是当孩子惹麻烦或犯错误时，你最好走到他跟前，蹲下来，握住孩子的两只手，握住、握紧了，看着他的眼睛，温和而认真地告诉孩子什么地方做得不对，一直到他认识到自己确实做得不对为止。这样眼睛对眼睛，手心对手心的教育，可以直接抵达心灵。它会让孩子明白父母喜欢什么，反对什么，绝对禁止什么，父母通过这样温和而又严格的教育在给孩子树标尺，划出界限。同时，这样的教育方式本身也是一种精神教育，因为在教育过程中，有时道理是对的，但方法不对、态度不对、场合不对、时机不对，可能都难以达到教育效果，有时还会适得其反，造成不良后果。

只有正确的思想加上正确的方法才能达到最好的效果，这样的教育不仅有助于孩子改正错误，也能让孩子从中获取精神的收获，父母就是在给孩子一个做人的示范。

一个正确的身教，胜过千万句言传，孔子说："其身正，不令则行；其身不正，虽令不从"。不少家长认为，只要孩子学习好了，家里一切事务无须孩子参与，从而严重地忽视了劳动教育对孩子良好个性品质的影响。这样的教育无形中造成了孩子个性的残缺——孩子一旦形成强烈的自我中心倾向，稍不顺己意，便破罐子破摔，于是一些研究生自杀或破坏他人生存权的现象频发也就不足为怪了。早期的劳动教育对培养孩子珍惜劳动成果，尊重他人的劳动，体会劳动创造世界的价值，养成热爱劳动的习惯，促进孩子形成健全的个性极有帮助。劳动既能强健体魄，又能缓和身心压力，提高心理的承受能力，还能使孩子拥有自强不息的性格。美国哈佛大学的一些社会学家和教育专家对波士顿地区 456 名少年儿童进行了 20 年的跟踪调查发现，爱劳动与不爱劳动的孩子相比，长大后失业率为 1∶15，犯罪率为 1∶10，前者的平均收入比后者高出 20％左右，而离异率、心理疾病患病率也比较低①。

每个孩子小的时候都有极强的参与劳动的意识，父母不能因孩子妨碍了自己的劳动进度而责怪孩子，剥夺孩子动手操作、亲自劳动的欲求。比如喂

---

①　张良科编著：《父亲的影响力》，北京，经济日报出版社，2004。

饭，当孩子会拿汤匙或筷子的时候，你应该鼓励孩子自己吃，尽管开始孩子会弄得满桌都是饭粒，那也没关系，因为一个孩子良好习惯的养成总需要一定的时间与实践机会。比如孩子喜欢问一些稀奇古怪的问题，父母不能因为自己的无知或者厌烦而责备孩子，打击孩子探求新事物的欲望，反而应该保护孩子的好奇心，把孩子的注意力引到更广阔的知识海洋中去。

摊开双手，与孩子进行心心交流，彼此收获成长的感动与快乐。实质上，孩子未来能成为一个什么样的人，往往决定于父母的"化育"方法。

让孩子去尝试一件事情，就不能再批评他缺乏能力。你要做的只有鼓励、帮助和期待。

从"手对手"到"肩并肩"

　　孩子小的时候，对他的教育应该是"手对手"，即温和而严格的教育；孩子长大后，对他的教育应该是"肩并肩"，即以朋友的方式与孩子更好地交流。

　　你一定要记住，你爱的是你的孩子，而不是他的表现。无论他表现好还是不好，他都是你的孩子。

　　只有你爱的是他的本质，你才能无论什么时候都能坚定地站在他身后。

　　前文说到 0～6 岁孩子的教育应该是手心对手心、眼睛对眼睛的教育，也就是温和而严格的教育，在"温和"中孩子就能自由地成长，在"严格"处孩子可以学会自律。"管教从严"的目的就是要把帮助孩子"获得自助"作为最终的目的，这个时候父母的鼓励、引导、提醒、督促和惩罚都是必不可少的。美国还有一个学者研究什么时候可以"打孩子"，他的结论是：2 岁前不必打，因为毫无效果；7 岁之后不能打，因为一打就会伤害人格与自尊。而 2 岁之后、7 岁之前，则是管教的最佳时期，这个阶段父母的示范最为关键。

　　那么当孩子长大以后，尤其是孩子成长的第二个关键期，7～13 岁的教育，应该选择什么样的方式呢？

　　这个时候的教育应该从眼睛对眼睛逐渐转为肩并肩的教育。因为成长中的孩子，已经不喜欢父母"盯着"他的眼睛了，父母"盯着"会让他感到不安，好像受到某种威胁，容易使之焦躁。所以最好的方式应该是肩并肩式的，它内在的意味也包含了某种朋友式交流方式开始生成。

这里我还要强调一点，父母既不能进行错误的打骂教育，但也不必追求和孩子能够形成朋友式的关系，这种"理想状态"是很难的。其实父母就是父母，孩子就是孩子，父母与孩子之间当然应该有落差，父母的第一职责就是"管"孩子，该严的地方就是要严，该强硬的就是要强硬，不能轻易就向孩子的坏脾气妥协、向孩子的眼泪让步，变得父母不像父母，孩子不像孩子。

当然说到"严"，绝不是一味的强硬，管得孩子一脸"死相"，而完全不讲教育的理念与方法。比如说到"肩并肩"的教育，它就是一种自然的转化，转化的目的也是为了更好地与孩子交流，以达到更理想的教育目的。

坚持用正面方式奖励孩子或指出他的不足，嘲讽、挖苦往往会使孩子变得沮丧、烦躁、丧失自信心，成为不断自我苛责的失败者。

‖ 如何和孩子说话·父母该做的 12 件事

这是美国临床心理学家玛莎·史翠斯的研究成果。

1. 青少年在晚上比较爱说话，是因为他们的生理时钟比成年人延后。

2. 并肩坐着取代面对面。当青少年不觉得你在盯着他们时，比较容易打开心扉。

3. 在活动空当和他们谈谈。青少年喜欢在打球、坐在车上或者吃东西时，分享他的感觉。

4. 让他们发泄。训练自己倾听他们情绪性的字眼，常常他们会说："我很烦""我很困扰"等。

5. 问特定问题，但以正面的态度。你可以问："你的老师怎么说你这次的成绩？"

6. 在其他时间回应你的想法，因为青少年需要时间去发泄情绪、整理情绪，通常不会一次表达。

7. 谈大范围的话题，如电视节目、运动、音乐、美食，甚至政治。但话题内容应该正面，有助于了解彼此。

8. 用语言赞许他们的想法，如"好主意""哇，你今天做了好多事"。如果他需要建议，做好准备，不要只给一个答案。

9. 青少年的沟通方式本来就和你不一样。用开放式问句鼓励他们谈他们的世界，如"某某怎么说""你那时候怎么想"。

10. 永远记在心里：青少年敏感、易感、容易受伤害。耍幽默常常招致反效果，让他们觉得你认为他们的事没什么大不了。

11. 青少年常常搞不清楚自己的行为。你可以问"做那件事让你觉得怎么样"或"那件事对你有什么帮助"。

12. 接受某些不可能改变的事实，时间会让一切过去，或改变一切。

如何和孩子说话·父母不该做的 12 件事

这同样还是临床心理学家玛莎·史翠斯的建议。

1. 和青少年在早上讲话，尤其是当他还在想今天其他的活动或还没睡醒时。

2. 直视他的眼睛。

3. 等他们不会分心的时间，才和他们约时间说重要的事。

4. 禁止青少年咆哮、摔门、哭泣，或说"等你平静下来，我们再继续谈"。

5. 问一般的问题，如"你今天在学校怎样"。

6. 话题集中在琐事。

7. 给他们不需要的建议。

8. 假设你知道他们会说什么，因为你觉得自己曾经也是青少年。

9. 当你认为青少年已经讲完了，就开始你谈的想法。

10. 当他在讲困扰他很久的事时，开他玩笑。

11. 在他们某些行为后，问"你为什么要这样做"。

12. 对某些事情一而再、再而三说清楚自己的看法。

最重要的是保护孩子的心灵

孩子在成长的过程中，难免会遇到很多问题。父母对孩子的教育，要特别谨慎而且恰当。教育孩子，一定要针对其自身的情况给予恰当的评价，不要拿孩子与别人做比较。

努力让孩子生活在干净、整洁的环境中，对他形成对污秽、邪恶的免疫力和抵御力大有帮助。

随着孩子的长大，教育时机的选择就变成一个更为重要的问题。比如我对自己孩子的教育也是这样，她读小学以后，我要和她谈一些比较严肃的问题，往往选择和她一起坐车或一起散步的时间，我发现在这样身体放松、精神放松、氛围宽松的状态下，交流往往能够达到比较理想的效果。

更为重要的是，也是父母们一定要认识到的，孩子上小学以后，教育的重点就从家庭教育转向了家庭与学校之间的两个方面的教育，可以说几乎所有的孩子都会状况不断，父母这个时候才真正面临挑战。孩子也开始踏上了"社会化"之路，每天他也都处于各种各样的挑战之中。一方面，他越来越意识到自己是一个独立的人，自尊心也变得越来越敏感；另一方面他毕竟又是成长中的人，免不了要犯错误。父母对孩子的教育，首先就要特别谨慎，第二就是要恰当，第三就是要意识到无论什么情况下都要注重保护孩子的心灵。父母尤其要克服自己"一吐为快"的冲动,一生气什么话都出口了,一生气什么顾忌都没有了,看上去很"有效",但后果很麻烦。

教育孩子,一定要针对其自身的情况给予恰当的评价,采用"横向比较"、以别人的孩子作为榜样进行教育,往往适得其反。

由于父母们自感生活的不易,总会想当然地要求孩子严格按照家长的思路学习与生活,殊不知,愈如此,愈适得其反。生活中,总会出现家长凌驾于孩子之上的诸多行为,直接导致孩子精神的不自由。然而,我们又很少反省自己的行为已经在孩子的心灵世界中造成损害。保护孩子的心灵成长,其实有很多可行的办法,诸如就孩子感兴趣的问题一起探索,经常带孩子去旅行而拓宽孩子的视野,以生动的形式帮助孩子识字,亲子共读,等等。先后把六个子女培养成研究生的蔡笑晚先生,以"我的事业是父亲"这样豪迈的气概,精心营造出爱的成长环境来保护孩子的自尊和自信,通过苦难教育和故事法在孩子的心灵深处植入执著的追求精神,用科学的学习方法指导孩子进行超前学习,在做人教育方面取得了令人瞩目的成就。资料表明,3～6岁是孩童识字的最佳时期,他便把孩子所学的内容与故事联系起来,把《三字经》中有关学习的典故讲给孩子听,并让孩子背熟这些典故的语句,使孩子在真实的语境中训练自己的语言能力,收到了事半功倍的效果。在物质紧缺的年代,身为父亲的蔡笑晚还不断带孩子去旅游,在丰富的自然与人文胜景中给幼小的心灵涂上永不褪色的美丽图腾,从而最大限度地积累孩子的人生经验。

为孩子建立成长档案，以彰显孩子成长的独特性与唯一性，即便是孩子在大洋彼岸求学，彼此的书信来往也从不中断。他说："把孩子培养成才是天下每位父母最要紧的人生事业，它在所有日常事务中永远排在第一位！"这样温馨细腻而大气的父爱使孩子更勇敢地面对人生的诸多挑战，因为自信使孩子体会到什么是有尊严的生活。①

---

① 蔡笑晚：《我的事业是父亲》，北京，接力出版社，2007。

早期教育的过失会变成无尽的麻烦

> 负担过重，必然导致肤浅。负担过重，必然导致后续学习时的"学业枯竭"，也就是早期学习投入过度，后续学习必然失去成长的空间。

在研究基础教育十几年的经验中，我特别有感触的是：

第一，早期教育，尤其是0～6岁关键期教育不到位的孩子，进入小学后往往很快就会出问题。无论学习能力、学习习惯，还是交往方式、生活习惯等方面，都不适应学校，在三年级之前，这些孩子就可能成为所谓"差生"。

第二，即使是小学阶段，要改变一个孩子，也已经非常困难。

第三，就目前中国基础教育的现状而言，学校和老师很难对某一个有问题的孩子尽心尽责。

第四，小学阶段就不适应学校的孩子，学业往往会以失败而告终，因为学校现在的管理机制和评价机制，对不适应学校的孩子极为不利。

第五，父母一定要继续"紧盯"孩子，这样的紧盯不是仅仅针对孩子的学业成绩，而是对他成长的方方面面都要重视，可以说父母对孩子成长的关注就是与各种灾难在拔河。

第六，一定要重视与学校和老师的沟通，再忙都不要忘了与学校、老师的联系，可以说交流越频繁，了解越深入，越有助于孩子的成长。还有一点也很重要，就是即使学校或老师态度欠佳、观念不当，也不要轻易就对学校和老师"动怒"，说实在的，换学校很不容易，耐心、理性地和学校协商更重要。

在这里我从与孩子"手心对手心""眼睛对眼睛""肩并肩"的教育，谈到了与学校"肩并肩"的合作，父母既需要有与学校一体感的意识，更要时刻想到教育孩子的主要责任仍然在自己身上。

父母把孩子送到学校，千万别以为教育好孩子仅仅是学校的责任，而应该觉得中心责任始终在父母自己的手里。父母的责任意识推动彼此的成长，但许多父母在毫无准备的情况下便被推至一个无比重要的职位，却又缺乏学习意识，或者没有更多时间关注孩子的成长，这是一个不容乐观的现实。写过《夏令营中的较量》的孙云晓研究员认为国民素质的提高，关键在于提高父母的素质。父母应该善于培育孩子健康的人格，在劳动或游戏中促使孩子不断"认识自己、接纳自己、控制自己"，根据加德纳的多元智能结构——语言智能、音乐智能、数学逻辑智能、视觉空间智能、身体运动智能、人际交往智能、自省智能和自然观察智能8种智能，对孩子的学习潜质进行合理的评价与引导。[①] 参与孩子的早期教育，实质上是父母们不断学习的循环过程，如果我们不能在孩子的印刻时期播下道德的种子，就必须在孩子的求学时期进行艰难的"再教育"；如若丢掉"再教育"，则孩子就会带给我们无尽的烦恼与痛苦。

每个孩子身上都有相应的智能优势，再差的孩子也非一无是处，关键

---

① 孙云晓：《习惯决定孩子一生》，北京，北京师范大学出版社，2013。

在于父母们要有一双善于发现美的眼睛和一颗时时给予孩子鼓励的敏感心灵。 美国联邦储备委员会主席格林斯潘作为世界闻名的"金融之神",对美国经济和世界投资业具有深远的影响力,只要他一开口,"全球投资人就要竖起耳朵",只要他打个喷嚏,"全球投资人都要伤风"。就这样一个人,他开始是按妈妈的指导去学音乐的,大学毕业后随乐团四处演出,可后来,他觉得自己并没有音乐天赋,倒是发现自己侧重于逻辑数学,事业的兴趣点在金融,于是他离开乐团,去学习金融并到华尔街发展。设若不是他的转向,他又怎能在金融界取得如此巨大的成就?若想测出孩子擅长哪方面智能,美国耶鲁大学的罗伯特·斯腾伯格博士的"多方面"测验研究可为大家提供一个参考,但我们要知道,每个孩子的智能类型又不是绝对的,总会以某一方面为主,其他方面交叉出现。

▌教育的起点是培养"正常人"

> 健康的孩子欣赏人，信任人。
> 病态的孩子妒忌人，贬损人。
>
> 对不应该畏惧的感到畏惧，不免有点可悲。
> 对应该畏惧的毫不畏惧，则更为可怕。

作为父母当然会对培养一个什么样的孩子有自己的思考，我认为我们还是要从把孩子培养成一个正常人做起。"正常人"，按台湾教育专家陈艾妮的观点就是，除了学习能力以外，还要重视孩子的情感教育、情绪教育、沟通教育、健康管理、改变行为能力、尊师重道意识、多元化世界意识这七大工程教育。我们现在很多父母对孩子的教育都是"一只眼"教育，就是只重视学业，不重视品行，只重视孩子的眼前，不重视他今后的发展，总以为抓住现在的学业成绩就能抓住未来，其实一个孩子，如果情感不好、个性不好、道德不好、人际关系不好，就是学业再好，也是很难有什么出息的。

这样"一只眼"的教育，往往也会丧失了对孩子成长过程中很多问题的敏感度，对孩子不当的行为视而不见，熟视无睹，睁一只眼闭一只眼，最后你的孩子怎么可能是个正常人呢？

同时我还要强调一下，父母缺少"两只眼"的教育，其实也就是丧失了对一件事的判断力，你以为这是一件小事，可能它却是一件大事，你放过它，错过教育的契机，可能就会铸成大错。

所谓错误教育就是"上一次不当的教育，往往成为孩子下一次犯错或一生中犯大错的原因"。

比如今天不少的孩子对长辈的态度都颇成问题，这种状况是从什么时候开始的？就从孩子第一次对爷爷奶奶不尊重，又没有得到父母及时纠正开始。我现在还记得我女儿第一次说她爷爷奶奶坏话的情景。那天她从幼儿园回来，就和邻居的几个孩子在我家里玩，突然她就说起了自己爷爷奶奶对自己怎么怎么不好。我和我太太听了非常惊讶，也不约而同地紧张起来。我们原先就发现，邻居的几个孩子由于父母和长辈关系不好，父母经常在孩子面前说一些老人的不是，已经影响了孩子对老人的态度，没想到我的女儿也跟着学了起来。我们当时就声色俱厉地给了孩子非常严厉的批评，并正面举例说明爷爷奶奶对她的好，而且警告她说绝不允许再有这样的事情发生。这样的教育显然是比较有效的。它不单是对孩子错误行为的批评与纠正，也是让孩子明白父母设的"界限"在哪里，在哪些方面父母可能会特别严厉。在边界之内的，你想怎么做都行，一旦越过了边界就会受到惩罚，实际上这些都有助于孩子形成自己的正确而稳定的行为和情感能力。

一个不当或错误的行为刚刚发生时，及时进行教育，效果最为明显。

你会一条道走到黑吗

> 因为自己的失败、失意、失望而迁怒于孩子，孩子也许只能终身生活在失败、失意和失望之中了。

前文我所谈到的是孩子对长辈的孝敬问题，有人说今天中国的教育是不中不洋、不三不四、没大没小，其实这一切都是"一只眼睛"的教育所造成的，偏执的教育必然导致偏执的后果。我常常想，中国教育令人无所适从，既有体制的问题、社会的问题、学校的问题，而更大的麻烦却是在家庭之中，因为我们从起点之处，就不准备培养正常人，就没有在培养正常人上下功夫。作为父母确实要经常想想自己到底有多少时间在陪孩子，有多少时间在和孩子一起学习，每天晚上在家里干的都是什么，每天和孩子说的话都是些什么内容，看到孩子有这样那样的过失，我们到底是用什么样的态度对待它。改变总是难的，每天晚上睡觉前就想一点吧，这就是从能够改变的地方开始。有个学者说，因为我们不知道孩子的未来，也不知道社会会怎么变化，那么一定不能错过今天。

显然，一个正在为如何得到下一顿饭而发愁的父母，是很难专注于调控自己孩子情绪的。

一个筋疲力尽、心事沉沉回到家中的父母，是很难有耐心陪伴孩子的。

一个只关注于自己的兴趣或娱乐的父母，是很难注意到孩子成长中的各种需要的。

一个从来不反省自己行为的父母，是很难成为孩子好的"样本"的。

偏执的教育、偏执的生活，一定是家庭教育最大的困难所在。

父母发现自己误解了孩子或教育方式不当，应该诚恳地向孩子道歉。

你对孩子的教育也是"一根筋"吗

> 在严酷的应试教育背景下，培养孩子适当的对分数的钝感力，有助于他更好地成长。
>
> 在以分数为评价标尺的学校生活中，成绩落后、思维迟缓的孩子很难不受到伤害，培养孩子适当的对批评与伤害的钝感力，对他的成长更有助益。

与"一只眼"教育相似的麻烦，还有"一根筋"教育。

今天中国的教育改革尚不完善，越是这样，父母们越是会把对孩子的希望更多地寄托在他的学业上。

表面上看是社会越来越"崇智"，其实是大家越来越认定只有一条所谓"逃生之路"，学校不顾一切，家庭不顾一切，一条道要走到黑。

我们经常说压力会转化成动力，但不知道"压力也会使人变得愚蠢"。

我们经常说"分数才是硬道理"，但不知道"负担过重必然导致肤浅。"

我们经常说"不要输在起跑线上"，但不知道人生处处都是起跑线，生命成长中早期投入过多必然导致后续发展的"学业枯竭"。

我们只知道教育要对"人民负责"，"升学率"就是满意度，但不知道对一个人的评价总有"当下"的评价，也有"历史"的评价，今天的"天才"也可能是明天的"笨蛋"，今天的落后与不足，恰恰可能是明天的优势所在。

教育最难的就在这里了。一个人很难不"跟风"、不随大流，一个家庭也很难有自己的"教育勇气"，但是我们还是要问一问：

你的孩子有自己喜欢的活动吗？

你的孩子有自己喜欢的学科吗？

你的孩子有良好的阅读习惯吗？

你的孩子睡眠充足吗？

你的孩子快乐吗？

你尊重孩子的个人兴趣吗？

你有勇气对孩子说，不要紧，慢慢来吗？

我们也许还需要问一问：

我们是否总是能够把孩子的生命健全、健康放在第一位？

我们是否总是能够想到孩子的精神健康？

我们是否总是能够想到要尽最大的努力去保护孩子的兴趣与爱好，使孩子成为一个完整的人？

我曾经写过一篇《生活在愧疚中》的文章，说的就是自己教育孩子的迷茫、困惑与信念：

1. 每天张格嫣予 6 点多钟就起床了，当她怕影响我们休息，轻轻把我的房门掩上那一刻，其实我已经醒了。上初中之后，除了节假日她每天很少能睡 8 小时。一个儿童普遍睡眠不足的民族，是相当不幸的。

2. 每天当她把我的房门掩上那一刻，我几乎都要在心底诅咒一遍：这万恶的应试教育。

3. 每次到学校参加家长会，都让我厌烦之极，有时还自卑不已，无论校长、副校长、年段长、班主任、科任教师所说的，无非就是：考试、成绩、用功、资质、中考，等等。

4. 说真的，我极其害怕家长会，当我穿过那所著名的中学一座陈旧的大楼楼梯下的通道，走上后面另一座大楼的年段家长会会议室时，我的心情往往是很沉重的，我找到一个座位坐下，从不与谁交谈。回到孩子班上开班级家长会时，我总是坐在第一排，我记下了孩子班上每次考试的平均分，回到家里我也从不和孩子谈论具体的成绩情况。

5. 张格嫣予小学读了三所学校，她读初中一年级上学期时，我也试图再为她转学，后来发现难度太大；还有，其实也没有任何学校可以转，相似、太相似了。

6. 有时候我们还会自欺欺人地自我安慰，孩子的学校还不算最坏，学习的时间也不算最长，作业可能也不是最多。

卡夫卡说："真正的道路在一根绳索上，它不是绷紧在高处，而是贴近地面的。它与其说是供人行走的，毋宁说是用来绊人的。"

7. 有时，孩子一回到家就泪水哗哗："妈妈，这次我又没考好。"

8. 有时，孩子问她妈妈："为什么我这么努力了，成绩还是不好呢？"

9. 班主任对她说，你这次又考得非常差，你要再不努力，你肯定还不如你的父母。她从来不清楚孩子父母的具体情况，她说的是笼统而严厉的评价，你父母的状况好不到哪里去，你会更惨。

10. 我坚持着从来不为考试成绩而批评孩子。

11. 我坚持着决不为面子、金钱、焦虑而站到应试教育那一边去。

12. 我坚持着绝不做应试教育的帮凶，绝不参与到伤害孩子健康、对未来的期待、自信心的行列中去。

13. 有时候我也会坚忍地想到，总之孩子肯定会长大的，我们卡在历史这样一个特殊的时刻，只能接受与承受。但是作为一个父亲，我理解自己的无奈，却怎么也不认同这样的历史的合法性。

14. 我们谈教育，如果不回到人、不回到生命的现场，我们怎么能够理解有时任何坚持都是多么艰辛的啊！

15. 有一次，女儿回家，一进屋就号啕大哭，那天我不在家，她妈妈被女儿从来没有的哭声惊呆了。女儿只说因为一份作业丢了，被年段长、班主任和科任老师叫到办公室，至于这中间到底发生了什么，却怎么也不肯说。

16. 到了初三之后，有时女儿对在班上发生的事情会这样说，不要再问了，我不想再一次受到伤害。

我知道她在长大，但是对这样的长大却怀着深深的愧疚。

17. 有一天，我迟去上班，接到了她班主任电话，说实在的我对所有来自她学校的电话，以及学校所在方位的电话（只知道方位，记不住具体的号码）都感到很紧张。那天，班主任一开口，就是"你是张格嫣予的家长吗"，我真不知道这算什么称呼，也许我们的教师中很多人从来就没想过这样的称呼有多么荒唐，紧接着第二句便是"你的张格嫣予是不是有逆反心理"。我的天！一打听，原来是因为班上有 20 多位学生在上课时间的一个晚上看了文艺演出，班主任在班上要求所有看演出的同学每人都要写一篇观后感，没想到话音刚落，张格嫣予便站起来说：我不想写！

听了她老师的叙述，我竟感到有点欣慰，但是我不能这样说，不过我也绝不想因为任何的理由而附和她老师的见解。我也明白这时我无论怎么耐心、温和、婉转地表明自己的观点也都是无济于事的。

18. 我总是会坚定、责无旁贷地站在女儿的身后，我常常想，20世纪90年代以后出生的孩子，也许就是半个世纪以来最优秀、最善良、最纯洁的一代，无论世事如何艰难，我必须为保护这些孩子而尽自己的一份气力。

19. 不过，话说回来，我还是知道自己不但不能保障孩子足够的睡眠，也无法保障孩子因为学业成绩不佳、表现不符要求，有时会偷懒、过于调皮而能够不受到羞辱与伤害。

20. 时常我就生活在巨大的迷惑之中。也许就因为你太清楚了，并没有多少路可走，你必须坚忍地目睹、承受着教育中的一切痛苦。

21. 有一次单独和孩子吃饭时，我对她说："你要尽量多吃点，吃好点，有时间就多睡点，这样你才能和应试教育作长期的斗争！"

22. 我还时常对孩子说，你也需要理解老师的难处，她承受着巨大的压力，她的童年也过得非常不好，教育的失败与难堪是所有的人都要承受的，更重要的是你要学会承受，能变得更坚强。

23. 我常想，我一定要尽最大的努力让孩子的童年有更多的美好的记忆，童年不仅塑造未来，童年也是我们不断返回的栖息地，几乎可以说童年的生命质量就是一个人的一生的质量。

24. 我知道一个人要从童年的痛苦和局限中挣脱出来有多难。对很多人而言，童年的痛苦几乎就是一生的痛苦。

25. 张格嫣予的天分首先表现在她的写作能力上，小学六年级她就出版了自己的第一本书《在夜空中飞翔的精灵》；初二时，她获得了首届全球华文写作大奖赛最具潜质奖，是所有获奖者中年纪最小的一位，获奖小说《被诅咒的游戏》也在初二时由江苏文艺出版社出版。

然而，在应试教育体制之下，这些天赋对她而言，也没有带来多少的喜悦。她初中的三任班主任，对她都颇不以为然，一位班主任这样评述：整天写写写，到时可能连大学都考不上，还得靠父母养着！

26. 我曾经在一篇文章中谈到过，在应试教育体制之下，几乎所有的父母亲对自己的孩子教育都茫然无措，因为只有一条路可走，因为"识时务者为俊杰"。

27. 也曾经有人问过我，你倡导生命化教育，现在孩子到初中了，如果因为"过于生命化"而考不上更好的高中你会怎么办？

很多现实问题其实都是你逃不过去的，要保全孩子在考试能力之外的一点点天赋都需要你作出困难的抉择，而你对所有的抉择也很难说真正能够坚定、自信、从不犹豫。谁又能保障儿童的未来呢？

28. 不是我们不知道正道在哪里，而是走正道太难了！

29. 有位学者曾感慨从今天的孩子中已经很难找到一两个自负的人了，应试教育打击的不仅是学习困难的孩子、思维发展缓慢的孩子，也同样打击那些学业成绩优异的孩子，伤害是具有普遍性的，几乎谁都难以幸免。

30. 孩子不在家时，我和太太最常感叹的就是：可怜的孩子！我太太从小学业成绩优异，读书从未遇过困难，15 岁考上华东师范大学，而我一直到高二时才开始发奋苦读，16 岁考上华东师范大学，但似乎孩子到现在仍看不出继承了我们读书、考试的才能，然而我也明白，我们俩加起来的天分，实在比不上孩子在写作方面早早表现出来的聪慧。我突然想起俄罗斯思想家舍斯托夫的感慨，莫扎特要是生于一个农民家庭一定会成为一种累赘。现在张格嫣予的麻烦则是，她仍然也需要挣扎着上一所更好的高中。

31. 从孩子上初中以后的第一次"家长会"，我就知道什么是应试教育，我唯一能够做的就是尽量减缓孩子的痛苦。我总是告诉她，不要害怕，你有的是时间，不管怎么样爸爸总是会有办法！

32. 我告诉孩子，要是能考上一所一类高中当然好，考不上也不要紧，我们可以想办法到一所好一点的学校寄读，也不必担心太多，你爸爸妈妈都是从乡下的中学读出来的，重要的是你对自己始终要有自信！

33. 现在我最感欣慰的是孩子的"痛感"相当微弱，遇上再大的痛苦，她哭过之后马上阳光灿烂。有一次因为太困了作业没做完，她想早点起来，结果睡过头了，起床后大哭，晚上回家告诉我们幸好老师没检查，不过哭过以后心情好多了。

34. 我深信坚强、乐观、善良一定会成为她一生最大的财富，时间会证明这一点。

35. 我夸张地认为，互联网时代出生的孩子会成为中国自由第一代。我深信教育最大的变化是在学校和课堂之外发生的，令人欣喜的是，有更多的窗户已经打开，孩子们一开始就生活在这样的世界之中。

36. 我还欣喜地发现，张格嫣予在初中三年时间里，几乎就没有和我们说到任何一位同学的"不是"，她总是热情而夸张地说着一位又一位同学的神奇与不可思议：比如谁怎么考都考不倒，谁看上去其貌不扬却是钢琴过了10级，又比如谁怎么风趣与搞笑……无数同学因为她的叙述而在我脑海里留下了美妙的印象。

37. 我深信我的女儿几乎就没有对谁有过什么坏心眼儿。她时常会把同学往家里带，也不时会上同学家玩儿，我能够感受到她对待同学的热忱与坦然。在将她和我这一代人作对比时，我时常心怀愧疚。我从自己身上、从同代人身上时时能够感受到无法剔除的“坏心眼儿”，有时正是这些“坏心眼儿”使我们生活在人性可怕的黑暗之中。

38. 我同样深深地感受到，是今天的教育“配”不上这一代孩子，真正的变革远远没开始。体制与民间的对话是不充分、不顺畅的，民间对教育的思考、热情几乎都被排除在体制之外，最后对大多数人而言，对孩子的教育都只能两害相权取其轻，而在应试之路上日夜竞进，创造力、想象力、健康、幸福这些目标都成了次要问题、虚幻的问题。谁都害怕被淘汰，谁都只能用错误的方式“博取”所谓未来。

39. 我们剥夺了儿童的多样性、差异性，也不尊重他们智能的多元状态，我们教育的窄化目标背后是对教育责任的严重缺失，是惯性、利益和盲目在推着教育往前走。

40. 当我坐在这里回首孩子这三年的学习生活时，真的感到疲倦和难过，教育带给她的欢乐确实太少，20 世纪 50—70 年代出生的教师普遍缺乏教养和同情心。有时候教育的灾难更多的是以教师的粗暴、缺乏耐心、动辄恶语相加而表现出来的。在应试教育的框架下，所谓“一切都是为了你好”的面目遮掩了太多无知、野蛮和卑陋，人性的欠缺很少能够得到克制和反省，考分至上几乎成了教育暴力和反人性的象征。

41. 女儿曾经告诉我，初一时趴在桌上怎么也睡不着，初二时多趴一会儿就会睡着了，而到了初三则是一趴下去，差不多马上就能睡着。对应试教育而言，加班加点是有效的，教师的粗暴、严厉往往也是"有助于"学生提高考试成绩的。不是人文精神过于脆弱，而是如果没有一个好的制度支持，没有更多的选择空间，人文精神的生长确是无比艰难。

42. 有次女儿考试考不好，几天后她对她妈妈说："你们都没有骂我，我心里感觉真好！"女儿的话让我既欣慰，又有几分的酸楚。

有时候，我甚至想到我们的教育中暗藏着一种对人类快乐的仇恨，痛苦、自卑、恐惧、逼迫似乎就成了它的常态。

43. 我常想，一个人经历了苦难，承受了苦难，更重要的还要认识苦难，只有这样才可能超越苦难。但是，正是因为缺少反省和批判，我们其实仍在不断重复着历史的错误，我们并没有走出多远。

44. 在这样一个价值混乱、教育目标极其窄化的时代，爱孩子、坚定地站在孩子身后，竭尽全力让孩子的童年能过得更为幸福、美好，又是一件多么困难的事！

45. 对儿童残暴、缺乏慈爱的教育，绝对不是"理想主义"，让儿童失去天真、幻想和自信心的教育绝对不是"理想主义"。

教育真正变好，还需要 40 年

> 任何一个人都不是成批量生产的，任何一个人都是令人惊叹、不可思议的艺术品，对待任何一个孩子，都需要耐心、谨慎、充满期待。
>
> 父母要尽全力避免在孩子面前表现出失望和厌烦，任何时候爱孩子，都是一种行动。你和他在一起，你带领着他，你站在他身后。

前文我谈到要从"一只手"的教育改为"两只手"的教育，强调的是教育要走出粗暴与简单，教育应该有助于人的精神的成长。

"一只眼"的教育其实就是"缺心眼"的教育、偏执的教育，这样的教育很难培养一个正常人。

最后谈到教育孩子不能"一根筋"，"一根筋"的教育会使人变得愚蠢而无趣，教育要着眼于人更长远的发展。

我经常会想到一个问题，就是怎么看待我们这个时代，看待我们这个时代的孩子以及他们的未来。我总体看法是不太乐观的，我觉得今天教育的核心，大部分家庭都是落在"谋生"和让孩子在学校考试更优秀这些点上，不太相信教育更大的责任是落在培养健康人格、公民素养、国际视野和具有持续学习能力上，甚至也不太相信教育能够更快乐一点，这是一个时代最大的限制和最可悲之处。大家都认识到应试教育的坏处，大家都无计可施，只想着自己的孩子不要成为落后者、失败者和被淘汰者，于是只关注孩子的学业和不断给孩子在学业上加压就成了一个普遍现象。

作为一个孩子，他能想到自己的未来吗？

曾经有个学者问过在上学路上的孩子：

"小朋友，你这么辛苦读书是为了什么？"

"为了上好的中学。"

"上好的中学是为了什么？"

"为了上好的大学。"

"上好的大学是为了什么？"

"找好的工作。"

"找好的工作是为了什么？"

"娶个好老婆。"

"娶个好老婆是为了什么？"

"生个好孩子。"

"生个好孩子是为了什么？"

"为了让他上学。"

……

这略带夸张的故事描述的是一点都不好笑的沉重的现实。我的思考是，一个时代真正要转向常态、思想自由、生活富足、教育公平而充满活力与人性，大概需要一百年。这"一百年"的概念是我从欧洲一位著名的文学家和思想家那里受到的启迪，他认为走出文化的禁锢需要有这么长的时间才行。如果从 20 世纪中叶算起，也就是要到 2050 年，我们也许可以完成这样时代的大变迁，从这个视角看，今天在校的孩子、刚出生的孩子，这一二十年内出生的孩子，仍然要生活在一个巨大的历史转换中。我相信大家都能感受到这样的转换。那么家庭教育应该做什么呢？

选择总是艰难的，但从长远来看，家庭教育在改造国民性方面却有着比较充裕的空间。当我们受囿于自己那个狭小的圈圈时，往往难以发现自身存在的问题，这就需要我们具备"进得去，出得来"的自我审视能力。著名教育学者薛涌先生初到美国时，见到许多美国家庭花昂贵的费用送孩子去学钢琴，因为钢琴对孩子的心智发育最具挑战性，弹琴时需要孩子调动并协调各方面的感知觉，还需要高度的自律和刻苦精神，以此作为塑造孩子未来精英的文化品位。他觉得，美国家长不仅期待孩子有世俗的成功，而且要成为一个拥有感性灵魂——既会创造生活，又懂得生活的"完整"的人。与之相对的是另一类美国家长，他们只顾自己玩乐，而忽视了对孩子的心智培育，这种现象是我们最为熟悉的。如此背景下的教育无疑限制了阶层的渗透。随着社会贫富悬殊的加剧，矛盾冲突会日益明显，那种依靠工业与商业拉动经济发展而化解矛盾的时代逐渐成为历史，在这种情况下，遗落的知识被视为新贵，重新为人们所眷顾，这是实现孩子阶层流动的新路。"培养一个孩子需要一个村庄"，这是希拉里·克林顿常挂嘴边的一句俗语，这意味着孩子的成功需要多方面力量的合力，其圆心便是父母为孩子提供的家庭文化氛围。家庭教育需要给孩子以坚忍而不媚俗的公民品格，这是我们的希望所在。公元前 431 年，雅典政治家伯里克利斯发表了《在阵亡的将士葬礼上的讲演》，他说："我们陶冶文雅之品性，但不流于奢华；我们培育知识，却不伤于柔弱。"这是他对雅典公民品德的诠释。有一次，薛先生于圣诞节前参加了女儿学校所举行的家长会，会后，他把一条杭州丝绸围巾送给了女儿的老师以示感谢，但回来后，女儿却指出父亲更应该给班里的一名盲人学生写张贺卡以示尊重。①

用正常的眼光看待残疾人，这就是女儿的行动给父母的启示。相信具有如此品格的孩子，未来的生活定然会更加顺利，因为她的人生理想绝不仅仅停留在自己对舒适生活的追求上。社会的转型，其实需要我们更多地顾及人类文明的延续，基于此，我们没有理由不培养孩子的服务意识、责任感与生命情怀。

任何教育的进步都是极其艰难和缓慢的，与其期待国家的教育变革，不如期待学校教育的改善；与其期待学校教育的改善，不如从家庭教育的改进做起。 孩子的未来不是掌握在学校，而是掌握在父母手中。

---

① 薛涌：《美国是如何培养精英的》，北京，新星出版社，2005。

人生是一场马拉松

在中国有 60% 的父母为孩子的未来极度忧虑，但其中不到 1% 的父母是为孩子的睡眠不足忧虑。很多儿童的未来其实是输在睡眠严重不足上。一个孩子只要睡得好，看世界和看自己的方式都不一样。

如果孩子情绪狂躁，先检查一下他的睡眠。如果家庭中冲突不断，先检查一下全家人的睡眠。

为所谓优秀牺牲健康，同样牺牲了一代又一代儿童的未来。健康永远比所谓优秀更为珍贵，有健康才有未来。

我思考的中心是培养一个正常人，我已经反复强调了自己的观点，我认为今天的父母都需要或者说都应该努力把精神放松一点，我们为孩子的学业神经绷得太紧了，我们太希望自己的孩子"胜人一筹"了，而**一个不健康的社会最明显的特点就是竞争低龄化，竞争的目标极端单一化。** 现在不少学校都主动或被迫地在火上浇油，很多家庭也在火上浇油。中国的台湾学者惊呼他们的学生每天只能睡 7.3 小时，比日本和韩国的 7.6 小时要少，是"全世界"最少的，可他们不知道大陆的中学生，尤其是高中生能睡多少小时。我在几个省的中学作的抽样调查显示，很少有中学生能睡 7 小时的。我们必须正视这种竞争的残酷性，**人生不是百米短跑，人生是一场马拉松，最后起根本作用的是人的精神状态、身体状态和人对自己有什么期待。** 现在青少年死亡之中自杀已成为第一死因，中小学中精神和身体亚健康状态的学生越来越多，家庭教育确实需要转换视角，要更为关注孩子的生命状态，让孩子的精神状况能平衡一点，能快乐一点，对自己的学业状况稍微"钝感"一些。父母们都应该时时给自己提个醒，不要等到悲剧发生了再后悔。可以说，竞争太"冷血"，悲剧发生了太多，人心多少都会变得有点"硬"，容易对"灾难苗子"视而不见，避重就轻。

　　据 19 世纪德国著名幼儿教育实践家福禄培尔分析，孩子之所以会出现那么多不正常的倾向与选择，皆因我们忽略了"人的本质的各个方面的发展"，在早期阶段对孩子实施了"任意的、不规则的干扰"，由此导致人本来的良好力量和本性的扭曲与破坏。不说孩童在母体内吸收营养以供身体各个器官的发育，单说孩子出世之后对所处环境能量的吸收，足以解释环境对孩子生长的重要，这一点蒙台梭利也有过相同的论述。然而，父母们到底为自己的孩子提供了一个什么样的环境呢？前者因缺乏生育知识而导致孩子的身体残缺，后者因沉迷于自己的生活享乐而不顾及孩子的成长感受，这些人为因素或多或少地伤害了孩子的身心发展。人的发展是不断向前的、不断更新的，但父母们却常用陈旧而静止的态度对待孩子的成长，既看不到游戏对孩子学习的作用——孩童内在本质向外表现的必要手段，又看不到劳动实践对孩子心智发展的帮助，实在是一种极大的浪费。①

　　在他看来，故事讲述是孩子精神强健的学校，是锻炼孩子力量的学校，是形成自我判断与超越自我的学校。与生活紧密联系的故事讲述，能给孩子提供想象的巨大空间，而创造又与活跃的想象紧密联系在一起。一个孩子实现从讲述到创造的跨越，需要经过漫长的磨炼。

---

　　① ［德］福禄培尔：《人的教育》，北京，人民教育出版社，2001。

你读书的声音，一定要让我听得见

> 把教育的责任收回到家庭、父母身上，主要的就是要用正确的方式，耐心地去管孩子，孩子总有一天能理解你的耐心。

我身边还有这样一位母亲，她没上过几年学，是海边的渔民，独自一人带着一个女儿，前两年女儿考到一所很好的大学，县里有关部门要请她介绍自己的育儿经验。她说自己没文化也没什么经验，对女儿只有一个办法，自己早上6点多起来煮饭，女儿在楼上读书，她要求女儿读书的声音一定要让她在楼下也听得见。从一年级开始，就这样坚持着到高三为止。

县里有关部门的人员就去询问她的女儿怎么看这件事。女孩子说，母亲让我这么做，我小的时候不太能理解，后来慢慢长大了我就能理解母亲的心，我一定要读得让她听得见，这样她才能放心。再后来我觉得母亲这样带我太不容易了，我一定要把书读得好一点，才能抚慰母亲的心，所以我的学业成绩能够一直不断地提高。

也许教育孩子，这样的耐心，确实要比你讲很多空泛的道理都重要。把教育的责任收回到家庭、父母身上，主要的就是要用正确的方式，耐心地去管孩子，孩子总有一天能理解你的耐心。当他不理解时，你推着他走；当他能理解时，他就顺着你走。

父母身上的缺点是更容易被孩子"自然而然"继承的，缺点总是更强势、更凸显、更有传染性。优点要继承则难得多，父母耐心地坚持着，先不说能创造什么奇迹，而是这种方式本来就是教育的正道。

家庭生活的核心就是帮助孩子更好地成长，父母尽到自己的责任了，其他方面就听从命运的安排吧。

最后我再谈谈我教育孩子的八条戒律，这八条戒律也是把我前面所讲内容做的归纳。帮助一个孩子成长没有什么诀窍，你要想找些诀窍，书店里也有大量这样的书籍，问题是做个父母，最需要的是自我生命的觉悟，如果没有这一点，一切都是妄谈。

第**4**篇

八条戒律也是
八个人文常识

戒律一：不能想起了才教育

> 一个简单又容易被忽略的事实是，人一直都是被会犯错的人抚养长大的。

这是我反复强调的，教育孩子一定要持之以恒，教育孩子一定不能忽视细节。你就是带着孩子走路，都需要给孩子示范应该怎么走，比如不能三个人并排走，两个人走时应该大人或男士靠外侧行走。我的一位朋友到英国时看见一位奶奶带着小孙子上公交车，小男孩先踏了上去，结果被奶奶叫了下来，奶奶要自己先走，还对小男孩说了句"女士优先"。绅士教育大概就是这样从小教起的吧。我在我的生命化教育课堂给大家推荐了一位美国著名的小学教师罗恩·克拉克写的《优秀是培养出来的》这本书。克拉克老师就特别重视对孩子的细节教育，比如吃饭时不能含着食物说话，推门时如果后面还有人，就要为他把门，要用善意的眼睛看人等，总共有 55条，都是孩子成长中的细节，其实这些细节也都是人生的"大端"，因为细节背后就是大端。如果你没有意识到自己始终应该记取的责任，你没有和孩子生活在一起，你可能就错过了成长的关键期，后面的教育就难了。

父母角色是我们一辈子的事业，需要好好规划，需要不断学习与示范，需要与孩子生活在一起。 苏霍姆林斯基在《家长教育学》一书中写道："应当在中学时代就给未来的父亲和母亲以教育学的知识。教育学应当成为一切人都有用的学科，下面的话也可能对某些人来说好像是夸大其词：我认为，没有研究过教育学基本知识的青年公民不应当有成立家庭的权利。"这无非强调了学习在父母职业中的重要地位。有些人会用高尔基的话——"爱孩子，那是母鸡也会的"来作为自己疏于管教孩子的说辞，可是，他们却忽略了这句话的后半句"重要的是要教育孩子，而这却是一桩伟大的事业"，现实中，有多少人羞于把家教当成人生的一大事业，无须赘言。早期教育对孩子的成长具有举足轻重的作用，但那又绝不仅仅局限于孩子的智力开发。教育学者王东华先生在研究了大量资料的基础上提出了人的"成长三棱锥说"，他认为人的成长是由智力、意志、品德和气概四方面构成的，越是后面的因素对人的成长越重要。①

尽管这是一种假说，但我们却不能忽视孩子成长中所需要的各种非智力因素，而孩子的心灵自由绝不能单独受限于智力这一极的发展。凡事预则立，孩子的快乐成长需要一对冷静而理智的父母。

---

① 　王东华：《发现母亲》(修订本)，北京，中国妇女出版社，2003。

‖ 戒律二：不能生气了就教育

> 孩子成绩欠佳时，最重要的是父母不要变得沮丧、狂躁、失去信心，孩子即使输掉学业，他也不一定会输掉人生。如果父母丧失希望，孩子的人生一定也输掉了。

在教育中，更重要的不是宣泄而是克制，当孩子让我们很生气时，一定要忍一忍，先不急着发火，因为我们无论做什么事，首先冒出来的"第一念头"往往是有问题的。有一天我的钥匙打不开自己家的门了，我脑袋里冒出来的第一个念头就是可以从窗户爬进去，我们从小的生活经验就是这样。于是我去找物业管理人员，他一听我说的情况也是马上想到从窗户爬进去，然后让我去找个民工。我边走边想，不对啊，我不敢爬，是因为怕出事，找民工万一他出事了怎么办？从这件小事里我就悟出来，由于我们所受的教育、我们成长的经验而形成的思维方式"第一时间"想出来的、"第一时间"的反应能力，往往是有问题的。为了避免犯错误，最简单的办法就是先忍一忍，多想一想，克制一下。

有时候孩子犯的错误可能也不算什么事，只不过不合我们的意，或者时间不对正好撞在枪口上了，就像我们的一位朋友说的那样，下班回家筋疲力尽，还要做饭，却看到孩子不但没在做作业，还把玩具扔了一地，马上火就上来了。她正准备把孩子训一顿，就把客厅的窗帘拉开，没想到一拉开，看到外面秋天的景色，天气非常灿烂、非常美好，转念一想，天气这么好，我干吗要生气呢？人生这么好，我干吗要这么生气呢？这么一想，气就消了一半了，再拉着孩子的手，告诉他应该要怎样，结果孩子去收拾玩具，她就去做饭了。

对父母而言，所谓克制，避免"第一思维"，说的也就是教育孩子还需要我们有更好的平衡力。**对待孩子，也许还应该把我们耳熟能详的两个成语改一改：理直气壮、义正词严，更多的时间都应该改为"理直气和、义正词婉"。** 管教从严，讲的也是原则从严，心思从严，态度则要尽可能地诚恳、温和、耐心。

▌戒律三：不能当众教育孩子

> 好教师很贵，坏教师更贵。好教师帮助儿童获得发展，坏教师是儿童发展的"终结者"。

即使孩子做了最糟糕的事情，你要教育他也应该把孩子带回家，当众责骂、殴打，往往后果非常严重。在一所初中，就发生过因为父亲当着老师和同学的面打了孩子一巴掌，孩子马上跑到楼顶跳楼自杀的事件，这是多么令人心痛的悲剧，而在生活中这样的悲剧实在不少。**教育最重要的是要尊重人的人格尊严，要保护孩子的心灵，做不到这一点，就没有真正的教育可言。**

在教育孩子的过程中，我们难免会犯错误，但有些错误一旦犯了就特别麻烦。一个人少年时期所受的人格尊严的挫伤往往一生都难以修复，真是"此伤绵绵无绝期"，在生命中始终如影随形。我们要意识到，无论对孩子的表扬与批评都是一种情感互动，父母太强势，孩子一定没出息；父母太粗暴，孩子一定性情同样狂躁。就是在学校，也应该特别注意避免当众对学生进行严厉的教育，你表扬一个人，可以当众进行，甚至可以隆重地进行；但是你要批评一个人，就要谨慎得多，不妨用私下的、悄悄的、温和一些的方式。有智慧的教师不须对学生严辞斥责，有智慧的父母，时刻能够意识到教育孩子不能追求立竿见影的效果。

台湾著名的作家三毛，她读初二的时候，数学成绩很差，但是她人很聪明，她仔细琢磨了老师命题的特征，归纳出老师命题的特点，每次只要提前将书后的习题做了就能考得很好。三毛连续六次得100分后引起老师的怀疑，有一天老师就搞个突然袭击，把她抓到办公室去，单独出了一张试卷给她做，结果可想而知，没有事前准备的三毛考得一塌糊涂。老师认为：你看，这下被我抓到把柄了吧！老师非常生气，让三毛站在教室黑板前给她脸上画熊猫，不许她擦掉，浓黑的墨水在脸上流淌下来，然后老师还命令她在学校操场走完一圈才能回家。回家后她也不敢告诉父母，只在床上拼命哭，第二天，她照常去上课，走在走廊上却一下子恐惧得昏过去了。这之后，大概有七年时间，她把自己幽闭在家里，除了周末到一个老师家里去补习美术之外，再也没有跟家庭之外的陌生人打交道。

一直到了19岁以后，她有机会认识了一个作家朋友，介绍她去找当时正在筹建的文化大学校长，大学校长看了她写的文章和绘画作品之后说，你上什么专业都行，她说我想上哲学，我就想了解一下我为什么这么痛苦，我为什么走不出自己的痛苦，人生的意义到底在哪里。最后她虽然上了大学，并且成名，成为作家，后来又跟荷西结了婚，但是最终她还是自杀了。当然自杀还有其他的原因，但是童年人格伤害留下的阴影，是她一生难以走出来的。对任何一个孩子而言，对他伤害最深的，莫过于两件事，一个是0～6岁成长的关键期，他缺少爱；另外一个是7～13岁少年时期受到了人格的严重挫伤，这种挫伤往往是一生很难走出来的。

我每次看三毛的故事都要掉眼泪，有时候我就想，我们的教育如果实在做不了什么，那就尽量减少伤害吧，那就把当众责骂、当众羞辱从教育词典中剔除出去吧。一个人真正的快乐，并不都来自他的天分、他所取得的成绩、他显赫的地位更多的是来自他童年时父母给予的、学校给予的、社会给予的，一个人成长所必需的爱、鼓励和包容。

▍戒律四：我们不能把和孩子交谈，都变成对孩子的教育

> 　　孩子在学校遭受不公正、不人道的待遇，父母应主动与学校沟通、替孩子申诉，但同时也须意识到，如果这样沟通、申诉毫无效果，你就需要设法为孩子换一所学校。

　　前文我已谈到父母和孩子交流越少，就越不懂得和孩子怎么交流，父母越不懂得和孩子怎么交流，肯定就越不理解孩子，那么，平时如果你有机会和孩子交谈，你会和他说什么呢？一位读初中的孩子告诉我，爸爸妈妈平时在家里最常和他说的就是，饭吃快点，吃完赶快做作业，做完作业赶快睡觉。作为父母，你知道孩子内心的压力与苦楚吗？你能走近孩子的内心世界吗？孩子读小学三年级之前还好些，10 岁之后，父母几乎就不知道怎么与之交流了。有什么苦恼，35％左右的孩子都是找同学和朋友倾诉，而找父母和老师倾诉的不到 10％，父母的形象逐渐从他们情感世界中淡出，甚至缺席。在这种情况下，父母和孩子的交谈更容易变成说教、批评与斥责。而到孩子 13 岁以后，孩子甚至连批评的机会也不给你了。

　　从某种意义上可以说，这也是中国父母的悲哀，我们含辛茹苦地养育孩子，孩子却不领情、不感恩、不理解，那么问题出在哪里呢，一定出在家庭文化之中，出在亲子交流之中。

▌戒律五：要尽量避免消极教育

即使孩子的学业成绩欠佳，父母也应全力鼓励孩子保持学习的热情，同时应该有勇气放低对孩子的期望值，因为最终决定孩子未来的并不是他的学习成绩，而是继续学习的信念。

我们文化中缺乏对人真挚的赞扬和鼓励，缺乏从一件小事中体会快乐的传统，缺乏做一些没有意义的事情人生才有意义的认识。我们习惯"胸怀祖国，放眼世界"，习惯"做大事"，取得"大成就"，与之相对应的，就是喜欢批评、否定和消极暗示。一件事情你还没尝试，有人就会提醒你肯定做不好；一件事情稍有点难度，马上想到的就是退缩；一件事情只要不合父母的心意，很可能就会遭到挖苦与讽刺。这些情况在家庭文化中都很严重，**作为父母，改变自己就要从克制批评的欲望开始，从改变"正话反说"的习惯开始，从改变自己的"不相信、不鼓励、不期待"的习惯开始。**不是对孩子的不足、缺点、短处视而不见，而是在孩子有勇气去尝试、去改变时，助他一臂之力。

一个玻璃杯中有半杯水，在乐观者眼里，他会说："咦！杯里还有半杯水。"在悲观者那里，他会说："唉！杯里怎么只有半杯水。"前者带着惊讶的态度感受生活的点点滴滴，后者缺乏感恩而表现出埋怨。无独有偶，在父母那里，面对孩子的各种表现，我们总会听到，"怎么才考九十多分，而不是一百分"，"你身上优点挺多，但是——但是，这些错误却应该'怎样——怎样'"，言之凿凿，大有把孩子"吃掉"之势，却很少听见诸如"不错嘛，已经考了这么多，只需加把劲，便会更完美"，"你做得不错，只是有一点还需再努力"之类的话。两种思维方式导致了两种截然不同的教育效果，总是埋怨孩子的父母看到的是一个不争气而失败的孩子，而常常鼓励孩子的父母却看到了一个充满自信而成功的孩子。

‖ 戒律六：要尽量避免在孩子吃饭时和临睡时进行教育

切勿在孩子临睡时进行教育，时常怀着恐惧、带着泪水入眠的孩子，生命会变得十分晦暗。

就餐时间应该是家庭的一个温馨时刻，应该是我们能够健康、美好地生活在这个世界上的一个感恩的时刻。吃饭就是一种享受，吃饭就是一种交流，美好的交流，美好的聚会。按照我前面谈到的观点就是，要增加美好的聚会，减少无聊的应酬。而美好的聚会，首先应该在家庭里面。所以不要让孩子在吃饭的时候战战兢兢，最后对食物都丧失了好感。我也看到有一些孩子，吃饭非常快，为什么很快呢？就为了你要批评他还来不及呢。他吃这么快，对胃也不好，对食物的吸收也不好，更谈不上有什么餐桌的礼仪。

而在孩子要睡觉的时候进行教育，这样的教育不但无效，而且会影响孩子的睡眠。孩子进入梦乡的时候，满脑袋都是这些批评的信息，他会做噩梦的。我还有一个观点，就是实际上一个人睡好了，第二天看世界的方式都不一样。第二天打开窗户，哇，就会感觉到这个世界非常美好。如果老是噩梦连连，三天没睡好，就满眼都是仇人了。所以**要让孩子睡好、吃好，即使他犯了错，你也要找到一个更为恰当、更为合适的时机再进行教育。** 这其实就是对孩子做善事。

▌戒律七：一定要避免与别人的孩子做简单的对比、进行教育

> "孟母三迁"既需要勇气，更需要智慧。

每个孩子都有巨大的差异，每个孩子身上都蕴藏着我们所不知道的秘密，每个孩子都有成为"这个样子"的理由。教育孩子，你最好就针对他的"这个样子"。莫扎特 5 岁就能拉一手好提琴，7 岁就会谱曲，那是莫扎特。对一个孩子而言，简单的对比解决不了问题，不妨就耐心地和他说话，耐心地为他做分析，这样孩子既不会自卑，也可以减少很多对他人的妒忌和敌意。

为何父母常要将自己的孩子与别的孩子进行对比？ 究其实，并非为了刺激孩子的学习欲求，而是父母们的虚荣心在作祟。

父母们没有想到，一旦对比，孩子的自尊心就会受到打压，慢慢地，在否定自己中埋下怨恨的种子，这是不利于亲子关系的建立的。英国著名哲学家、教育改革家斯宾塞在其《什么知识最有价值》中提及人在生活追求上普遍存在着虚荣心理，在孩子的心智教育上更是如此，"虚饰先于实用"，直接导致教育的缘木求鱼、舍本求末，人们只热衷于追求过多的刺激、称赞、荣誉和地位，却忽视了对知识价值的追求。他认为，这是因为社会需求总会压倒个人需求，从而不自觉地遮蔽了人的个性。与其一味地

比较、攀比，不如在孩子的心灵成长上切实地做一些看似无关紧要、实则意义重大的培育工作。夸美纽斯觉得，唯有"恰当的教育"，才能将具有生物意义的人变成一个具有社会意义的独立的人，特别是在孩子的生命早期，更容易使其本性发挥出应有的力量，但孩子若形成某些陋习，要改变是相当困难的。

戒律八：教育孩子，不要"数罪并罚"

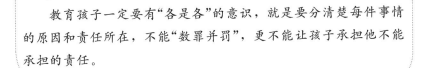

　　教育孩子一定要有"各是各"的意识，就是要分清楚每件事情的原因和责任所在，不能"数罪并罚"，更不能让孩子承担他不能承担的责任。

　　"数罪并罚"首先说明你平时与孩子相处的时间太少，关心得太少，没有尽到做父母最起码的责任。其次，也说明你比较"记仇"，喜欢翻旧账。有时不是你的话没有道理，而是你的方式不对。方式不对，教育一定没有效果。为人父母，所有的权力都意味着责任，这样的责任逼着我们要改变。

　　若父母无法通过恰当的方式使孩子意识到自己的问题，往往效果不佳，而"数罪并罚"的结果最严重，何况孩子并非"罪人"！如果父母非要找孩子的"不是"，无非强化了孩子的"罪人角色"，这对孩子的人格健全有百害而无一利。面对孩子的过失，父母们要不断叩问自己：我有什么理由惩罚孩子？我需要如此惩罚孩子吗？我这样惩罚孩子有益吗？当你确定要惩罚孩子时，千万不能失去理智，因为大人的发怒一经转嫁到孩子的心理世界，便会如深层地震一样给孩子造成许多灾难性的伤害。惩罚孩子时，父母的态度一定要统一、坚定，保持公允的原则，那些生活在前后矛盾的教育方式中的孩子是至为痛苦的。此外，惩罚孩子时千万不能"威胁或吓唬"

孩子——"你若不收好玩具，我就把你丢到门外！""你再哭，怪兽就来了！"这样既丧失父母们的威信，又容易使孩子也学会威吓别人的方式。20世纪最可信和最受爱戴的"育儿之父"、美国儿科权威斯波克认为，当孩子犯错误时，为了保护孩子的自尊，可以采用非体罚的方式，比如暂停游戏，让孩子知道必须对自己的行为付出代价，承担一定的责任。**惩罚是一种不得已而为之的辅助教育方式，它只是为了避免孩子犯同样的错误，而非父母的情绪发泄，当孩子纠正了错误，惩罚应自动消失。**

　　上面我说的"八条"，其实就是八个人文常识，你要培养正常人，你就要用正常的方法。你尽到责任了，你就不会后悔，至于孩子最后会成为"谁"，那就看他自己的造化了。

给父母的 20 条建议

　　一个孩子若是性格内向、羞涩，就让他内向、羞涩好了，什么时候想改变是他自己的事情，你根本不应该勉强他。

　　天生胆小的孩子，你不能强迫他变得胆大，对孩子所有本质特性中的不足之处，首先要尊重与理解，然后才是耐心和缓慢的改善。

　　胆小可能是天生的，懦夫是造就的，父母自身的懦弱或对孩子过分的严苛，都会把孩子造就成懦夫。

　　最后我再强调一下我的观点，**重建家庭文化，我认为就是要建立以儿童成长为中心的文化。** **父母需要的是克制、自制、责任的重新定位。** 我把我主持的生命化教育研究团队曾给父母提出的 20 条建议，再和大家一起分享一下。

　　1. 时刻意识到帮助孩子成长的责任主要在自己身上。

　　2. 鼓励孩子积极参加学校举办的各项活动，如节假日活动、夏令营等。

　　3. 尊重孩子的爱好，督促孩子在校期间至少学会一种简单的乐器或基本的书画技巧。

4. 鼓励孩子参加各个学科（包括音乐、美术、计算机等）各种级别的竞赛活动。

5. 尊重老师，尤其在孩子面前，能有礼貌地与老师打招呼。

6. 孩子成绩不理想时，应有耐心地与教师进行充分的沟通，共同寻找有效的解决方案。

7. 正确对待孩子对老师的评价，少在孩子面前议论老师或与老师争吵。在充分了解事实后，引导孩子与老师沟通。

8. 合理安排与老师交流的时间，了解孩子在校的情况。与老师交流时应心平气和，耐心细致。

9. 孩子在家时，应努力安排时间与孩子交谈，在家里或户外散步时交谈皆可。

10. 把孩子在家的环境布置得温馨雅致，为孩子挑选与其身体相适的书桌及床铺等生活用具。

11. 孩子做错事时，应注重批评的方式，不反应过急、大吼大叫、歇斯底里。

12. 选择适当的时机教育孩子，不要在孩子做作业时、吃饭时、睡前，或情绪不佳时教育孩子。

13. 把孩子当做自己的学生来教育他们。不要在他人，尤其是其他小孩面前指责、教育孩子，不要把别人的孩子作为榜样来教育孩子。

14. 避免在孩子面前吵架、讲粗话，或诋毁他人。

15. 给予孩子更多的赞赏，对孩子每次在各个方面的进步都能及时地予以赞赏与肯定。

16. 为孩子营造家族和谐美，不在家里赌博、酗酒，与孩子一起看他（她）喜欢的电视节目，或谈论他（她）喜欢的一本书。

17. 平等对待孩子，当误会或错怪孩子时，应诚恳地说"对不起"。

18. 不要当着孩子的面，与老师或其他家长议论孩子的优缺点。

19. 主动参加学校举办的各种亲子活动。

20. 孩子的老师、同学或伙伴到家时，应把他们当做自己的客人接待。

▎给孩子的 20 条建议

1. 和书籍交朋友，经常与同学交流读书的收获及感受，养成买书、藏书、读书的习惯。

2. 微笑面对同伴，主动向师长及学校的其他客人问好。

3. 记住亲人（爷爷、奶奶、爸爸、妈妈等）的生日，并用自己的方式向他们表示节日祝福；经常向父母介绍学校及个人的学习情况，并问候他们。

4. 有健康的身体和美好的心情。不伤害别人也不伤害自己，养成锻炼身体及讲究卫生的习惯。

5. 珍惜爱护动物、花草树木，保护环境，与自然和善共处，亲近山水，关心自己感兴趣的动植物。

6. 读书、作业、唱歌、练字、谈天……学会安排课外时间，学会安排生活。

7. 理解他人的喜、怒、哀、乐，懂得安慰他人、帮助他人。认识到自己在他人心中的重要位置。

8. 有一些要好的伙伴，在烦恼、委屈、困难时可以向他们倾诉、求助。

9. 培养自己在公众场合表达自己、表现自我的勇气和能力，多说一些"请""谢谢""对不起"等文明用语，善于人际交流。

10. 课前备好学习用具，带着好奇及良好的情绪上课，认真倾听，积极思考，热情参与课堂。

11. 迟到要说明理由，请假要请老师、家长签名。

12. 认真、及时、独立地完成作业，要求每次作业都做到整洁、正确；做好作业要自查，并与同桌或好友交流。

13. 善于捕捉生活中发生的点点滴滴，养成写周记、日记的习惯。

14. 考试不作弊，对自己充满信心，学会分析自己的优缺点，扬长避短，不断努力。

15. 把学校当做自己的家，与他人分享学校的美好。

16. 至少有一种自己的兴趣爱好（如音乐、书画、阅读、写作、体育方面）。

17. 了解自己的家庭收入及处境，正确看待自己的生活，不攀比。有忍受磨难与克服困难的毅力。

18. 认识自己的身体，了解自己的脾气性格。

19. 有上网查找资料的能力及习惯，遵行网络规则，不查看少年儿童不宜的内容。

20. 每天有四问：学习有没有进步，身体有没有进步，有没有进行课外阅读，有没有做错什么事。

‖ 新父母的 100 个教育信条

1. 改变孩子，要从改变父母开始。父母改变，孩子才能改变。

2. 一日为父，终身为父。一日为父，也是终身为师。父母对孩子的责任几乎就是终身性的。好父母就是一所好学校。

3. 从母亲受孕的那一刻开始，一个孩子的未来已经被开启，用心孕育更健康、更优秀的生命是每一位父母的第一责任，应该从准备孕育生命的前 6 个月就开始准备。在热情、健康和充满期待中孕育的孩子也一定会更健康更聪颖。

4. 父母最需要改变的就是，自以为只要生下孩子，自己不需任何学习，就"天然"地有权利、有能力教育孩子。成为学习者，与孩子共成长才是为人父母的"通行证"。

5. 父母最需要意识到的就是，无论自己所受的教育还是自己的品行都存在诸多问题，首先要一点一滴挤掉自己身上的毒素，才能"更配"为人父母。

6. 为人父母，最重要的就是敬畏生命、珍视生命，以谨慎和热情的方式对待生命。任何一个孩子，既是父母的孩子，又是人类的一员。把孩子培养成身心健康的正常人，是家庭教育的起点与核心。

7. 摆脱恐惧、奴性、粗鄙，把孩子培养成乐观、开朗、有教养的现代人，是每一位父母最重要的使命。

8. 在一个温和、充满善意的家庭中成长起来的孩子，性格不会出现大问题。孩子性格与品行出问题，责任一定在父母身上。

9. 父母身上不良的品行，诸如懒散、粗鲁、急躁、狭隘、势利、缺乏善心以及不良的生活方式等，往往更容易被继承，因为"坏品质"总是更有活力和传染性，而所有优良品格则需要加倍的心力才能培植，同时对父母的要求也更高。

10. "阶层"也是很容易被世袭的，要改变孩子的命运，唯有在教育上多投入。

11. 天资唤醒得越早越容易发展，天资唤醒得越早越有助于孩子形成自己的兴趣与爱好，建立自信。

12. 努力让孩子生活在干净、整洁的环境中，这对他形成对污秽、邪恶的免疫力和抵御力大有帮助。

13. 每一个父母都应该用一生的力量说出："我相信你，孩子！"

相信孩子就是陪伴、疼爱、关注、鼓励、促进，以及所有助益性的推动。当你相信孩子时，孩子的命运就改变了。当你用整个生命去"相信"时，你自己的命运也被改变了。

14. 父母要尽全力避免在孩子面前表现出失望和厌烦，任何时候爱孩子，都是一种行动。你和他在一起，你带领着他，你站在他身后。

15. 爱孩子超越了责任，爱孩子是你的命业。生命的唯一性和唯一的孩子都使父母必须时刻意识到自己的责任重大。

16. 爱孩子就是相信未来，就是拥有理解生活、抗拒厄运的勇气。为人父母必须更善良、更坚强、更有进取心，孩子出现，父母改变。

17. 任何教育的进步都是极其艰难和缓慢的，与其期待国家的教育变革，不如期待学校教育的改善；与其期待学校教育的改善，不如从家庭教育的改进做起。孩子的未来不是掌握在学校手中，而是掌握在父母手中。

18. 无论你到哪里谋生，无论你生活多艰辛，请一定带上你的孩子。孩子不在你身边，就在更多的危险之中。

19. 下班的路，是回家的路。花更多的时间和孩子在一起比什么都重要。人生的很多麻烦都是因为没有生活在自己家里造成的。

20. 全家人一起吃晚餐，有助于孩子获得较好的营养，较高的学业成绩，较少发生抽烟、喝酒、吸毒、打架、提早性行为。即使父母双方只有一人能赶上晚餐也会有上述效果。孩子的未来，往往在餐桌上和客厅里就已经决定了。

21. 切勿在就餐时训斥孩子，餐桌是共享食物、交流思想与见闻的佳所。融融的亲情也有助于孩子学会感恩和餐桌礼仪。

22. 切勿在孩子临睡时进行教育，时常怀着恐惧、带着泪水入眠的孩子，生命会变得十分晦暗。

23. 因为疼爱，所以慈悲。生而为人，从来都是一件不容易的事。每个生命都蕴含着神秘性和不可知性。陪伴孩子成长，是父母送给孩子最好的礼物。

24. 快乐的孩子，都有伙伴；孤独的孩子，性情容易变得古怪。鼓励孩子与同伴交往，鼓励孩子参加户外运动，也是父母送给孩子最好的礼物。

25．你每天以什么样的方式对待孩子，慢慢地，你便会有一张什么样的脸，是孩子塑造了我们的面貌。

26．在孩子三岁之前，我们陪伴越多，孩子成长之后的麻烦越少。因为在爱和信赖中长大的孩子，他的心更容易找到安全的归宿。

27．父母性格开朗，热心与人交往，对孩子豁达性格的养成往往大有帮助。

28．和孩子交谈，六岁之前适宜面对面，六岁之后要逐渐改为肩并肩。因为六岁之前的孩子在意你对他的关注，而青少年则不希望你"盯着他"，而是能够以朋友的方式和他交谈，这样他更容易打开心扉。

29．成长关键期受到冷落和忽视的孩子，进入青春期之后，往往会出现各种令你意想不到的状况，任何的改善都极端困难。而缺少关爱和鼓励的孩子也往往比较自卑，缺乏主动性。

30．在十六岁之前，孩子大都难以自主改正自己的错误。好父母就是帮助孩子设立限制、规范和期望，并耐心协助他逐渐实现的人。

31．好父母能够发出明确的信息，能够对孩子的不当尤其是危险行为有正确制止的方法，你对孩子提出的要求越明确，收到的效果就越好。

32．一次不当或错误的行为刚刚发生时，及时进行教育，效果最为明显。

33．父母发现自己误解了孩子或教育方式不当时，应该诚恳地向孩子道歉。

34．坚持每天至少告诉孩子一次，你真的很爱他，对孩子爱意越多，越有助于他喜爱自己、相信自己、改善自己。

35．好父母就是想方设法把孩子送到更好的地方去学习和生活的人。

36．有教养的父母，不一定就能培养出有教养的孩子，但可以肯定的是，父母缺乏教养，孩子必倒霉。

37．孩子学习成绩不理想时，多与教师沟通、请家教都是办法，尽你的能力，在孩子教育上不吝钱财，必有好的回报。

38．要正确对待孩子对老师的评价，不在孩子面前议论老师或与老师争吵。

39．不要当着孩子的面，与老师或其他家长议论孩子的优缺点。

40．孩子在学校遭受不公正、不人道的待遇，父母应主动与学校沟通、替孩子申诉，但同时也须意识到，如果这样沟通、申诉毫无效果，你就需要设法为孩子换一所学校。

41．即使孩子的学业成绩欠佳，父母也应全力鼓励孩子保持学习的热情，同时应该有勇气降低对孩子的期望值，因为最终决定孩子未来的并不是他的学习成绩，而是继续学习的信念。

42．孩子成绩欠佳时，最重要的是父母不要变得沮丧、狂躁、失去信心，孩子即使输掉学业，他也不一定会输掉人生。如果父母丧失希望，孩子的人生一定也输掉了。

43．一个简单又容易被忽略的事实是，人一直都是被会犯错的人抚养长大的。

44．所谓错误教育就是"上一次不当的教育，往往成为孩子下一次犯错或一生中犯大错的原因"。

45．把孩子交给祖父母抚养的麻烦在于，祖父母对孙子的喜爱往往超过了对自己儿子的喜爱，同时祖父母总是倾向于认为自己比孙子的父母更聪明、更有经验，只有他们才能够使孩子有一个更好的未来。

46．祖父母在家庭中往往延续着对儿子所有的权利，于是真正的父亲反倒成了配角，母亲则成了吃力却难以尽责的人。

47．三代同堂的家庭一旦为养育孩子出现分歧甚至争执，几乎没有调节与改善的可能，因为"真理往往掌握在脾气最坏的人手里"。

48．解决家庭中养育第三代人权力的争夺，最好的办法是分开居住，由父母独立养育自己的孩子。最糟糕的情形也莫过于，你可能暂时伤了自己父母的心，但你因此可以尽到更多对孩子的责任。

49．为贪图生活的轻松、舒适而将孩子交给祖父母或保姆的家长，其实是在与未来做一场豪赌。

50．在中国有 60％的父母为孩子的未来极度忧虑，但其中不到 1％的父母是为孩子的睡眠不足忧虑。很多儿童的未来其实是输在睡眠严重不足上。一个孩子只要睡得好，看世界和看自己的方式都不一样。

51．如果孩子情绪狂躁，先检查一下他的睡眠。如果家庭中冲突不断，先检查一下全家人的睡眠。

52．为所谓的优秀牺牲健康，同样牺牲了一代又一代儿童的未来。健康永远比所谓的优秀更为珍贵，有健康才有未来。

53．人生不是百米短跑，人生是一场马拉松，起跑线上的落后不是不能改变的，更重要的竞争在于耐力、信念、健康，在于坚持跑下去的恒心。

54．只要出自真诚，对孩子的表扬与鼓励越多越好。当孩子往前走，他回头时最渴望看到的是鼓励的眼神。

55．在缺乏关爱和温暖的境遇中成长的儿童，由于长久的哭泣训练甚至其泪腺都会发育过早。童年缺乏关爱和温暖的人，终身都会缺乏安全感。

56．只有爱与尊重，才能使孩子终身保持对父母生命性的眷念。

57．艾瑞克·佛罗姆说：在性爱中，两个分开的人结合为一体。在母爱中，曾为一体的两个人被分开了。母亲不仅需要容忍，她还必须希望和支持孩子同她分离。

母亲以爱和具体的帮助，使孩子顺利与自己分离。

58．孩子不需要担心，而需要关心。孩子不需要责骂，而需要理解。孩子不需要说教，而需要分享。孩子不需要考验，而需要分担。孩子不需要冷落，而需要疼爱。孩子不需要被寄予希望，因为他本身就是希望。

59．对待孩子，应该理直气和、义正词婉，而不是理直气壮、义正词严。

60．"温和而严格"是最恰当的教育。在"温和"中才能自由成长，在"严格"处可以学会自律。

61. 对任何人而言最大的影响都来自遗传，遗传很大程度上决定和影响人的未来。对孩子身上不可变的要理解、尊重、包容，对能够改变的要用心、用力、主动承担责任。

62. 勤未必能补拙，扬长远胜于避短。

63. "成功等于99％的汗水加上1％的灵感，但是这1％的灵感最重要，甚至比99％的汗水还要重要。"爱迪生提醒我们的是，如果离开了这1％的灵感，99％的汗水将毫无意义。

64. 负担过重，必然导致肤浅。负担过重，必然导致后续学习时的"学业枯竭"，也就是早期学习投入过度，后续学习必然失去成长的空间。

65. 无论你受过什么样的教育，你都可以把孩子培养得远比自己优秀，只要你有信念、有耐心、能够坚持。

66. 任何身体或心理的疾病，如果可以追溯到童年时期，往往都是最难治愈和最严重的。

67. 任何一个人都不是成批量生产的，任何一个人都是令人惊叹、不可思议的艺术品，对待任何一个儿童，都需要耐心、谨慎、充满期待。

68. 在严酷的应试教育背景下，培养孩子适当的对分数的钝感力，有助于他更好地成长。

69. 在以分数为评价标尺的学校生活中，成绩落后、思维迟缓的孩子很难不受到伤害，培养孩子适当的对批评与伤害的钝感力，对他的成长更有助益。

70. 珍惜生命、热爱生命、保护生命的教育比什么都重要。

71. 活着就是幸福、活着就是希望的信念比什么都重要。

72. 你一定要记住，你爱的是你的孩子，而不是他的表现。无论他表现好还是不好，他都是你的孩子。只有你爱的是他的本质，你才能无论什么时候都能坚定地站在他身后。

73. 尊重孩子的兴趣，鼓励孩子自己去尝试，如果尝试失败了，继续鼓励孩子尝试别的，直到找到他喜欢的为止。

74. 让孩子去尝试一件事情，就不能再批评他缺乏能力。你要做的只有鼓励、帮助和期待。

75. 每一个人都是遗传和文化的产物，每一代人都只能进步一点点。理解自己的局限，就能理解孩子的局限，就不会盲目地急于求成。

76. 每一个人的成长都需要必要的条件，一个孩子的天份越高对成长所需要的条件也越为苛刻，所以，"莫扎特如果出生在一个农民家庭，很可能就会成为一种灾难"。

77. 每一个人的成长都需要必要的条件，一个孩子若有智力或健康方面的重大局限，他对成长所需要的条件也就更为苛刻，为人父母就要倾其全力给予孩子关爱与帮助，孩子任何进步都具有石破天惊的意义。

78. 任何一个人的成长都有"内在限制"，这样的限制常常不为父母和其他人所知，在宽松和充满鼓励的环境中成长的孩子，往往能够把自己的优势发挥到最佳。

79. 好父母就是"既有知又无知"的人。

知道的是：只要用心于孩子的成长，孩子就能得到更好的成长。

"无知"的是：不把孩子某些局限、不足、落后看得太严重，也不为孩子的"笨拙"太揪心，与其抱怨、抱憾，不如相信天道酬勤。

80．一个孩子若是性格内向、羞涩，就让他内向、羞涩好了，什么时候想改变是他自己的事情，你根本不应该勉强他。

81．教育孩子一定要有"各是各"的意识，就是要分清楚每件事情的原因和责任之所在，既不能"数罪并罚"，更不能让孩子承担他不能承担的责任。

82．当众责骂和惩罚孩子，几乎就是一种可怕的虐杀。

83．教育孩子，一定要针对其自身的情况给予恰当的评价，采用"横向比较"、以别人的孩子作为榜样进行教育，往往适得其反。

84．即使你认为非常有必要批评或惩罚孩子，也需要先克制一下，克制可以避免犯错，变得从容、理智，这都有助于你在教育孩子上做到"最不坏"。

85．因为自己的失败、失意、失望而迁怒孩子，孩子也许只能终身生活在失败、失意和失望之中了。

86．对孩子的任何叮嘱，首先你自己需要做到。对孩子的任何叮嘱，只要你自己能做到的，重复着叮嘱，一定能达到你预期的目的。

87．越是"成功人士"越要警惕自己对孩子成长的忽视与盲目自信；越是"底层人士"越要避免自己在孩子面前唉声叹气、灰心失望。

88．既要鼓励孩子热情表达，也要培养孩子用心倾听。能够认真倾听孩子说话的父母，就是最好的示范。

89. 健康的孩子欣赏人、信任人。病态的孩子嫉妒人、贬损人。

90. 天生胆小的孩子，你不能强迫他变得大胆，对儿童所有本质特性中的不足之处，首先要尊重与理解，然后才是耐心和缓慢地改善。

91. 胆小可能是天生的，懦夫是造就的，父母自身的懦弱或对孩子过份的严苛，都会把孩子造就成懦夫。

92. 对不应该畏惧的感到畏惧，不免有点可悲；对应该畏惧的毫不畏惧，则更为可怕。只有父母才能帮助孩子辨别这两者的区别。

93. "孟母三迁"既需要勇气，更需要智慧。

94. 如果没有好的家庭条件，就需要有好的学校；如果没有好的学校，就需要有好的老师；如果没有好的老师，就需要父母特别地用心。

95. 好教师很贵，坏教师更贵。好教师帮助儿童获得发展，坏教师是儿童发展的"终结者"。

96. 缺少与同龄人交往的孩子，必然早熟，早熟就是生命过早失去弹性，过早定型，早熟必然早衰。

早熟就是过早社会化，过早进入成人世界，儿童也因此过早失去天真与好奇，失去活力和想象力。

让儿童像个儿童，一个社会就更有希望。

97. 坚持用正面方式奖励孩子或指出他的不足，嘲讽、挖苦往往会使孩子变得沮丧、烦躁、丧失自信心，成为不断自我苛责的失败者。

98. 再忙也不要错过孩子成长中重要的第一次。你越重视孩子，他越会在意你对他的鼓励。

99. 坚持着把鼓励、赞扬、肯定、分享、帮助变成最重要的家庭文化，在充满爱意和希望的氛围中成长起来的孩子，一定会更坚强、更自信，有更美好的人生。

100. 家庭生活的核心就是帮助孩子更好地成长，父母尽到自己的责任了，其他方面就听从命运的安排吧。